江의 숨결

섬진강의 자연과
생명 이야기

강의 숨결

황운연 지음

흔들의자

머·리·말

사람들은 왜 강을 찾을까요?
강에서 무얼 보고 무슨 생각을 할까요?

'강물은 홀로 흐르지 않는다.'

제게 강을 찾는 이유를 묻는다면, 이 대답을 떠올릴 듯합니다.
강을 받아들이는데 이보다 더 간결하고 명쾌한 표현이 있을까요?
여기엔, 강물의 물성(物性)과 순환의 속성이 잘 살아 있습니다.
낮은 곳이면 어디든 흘러가고 장애물을 만나면 돌아갈 줄 압니다.
또한 흐름의 순환 속에서 자연성을 잃지 않는 멋진 친구 아닙니까?
정겹고 친근하여 다가가게 되고 깨달음까지 얻습니다.

마지막으로 우리를 매료시키는 결정적인 이유가 하나 더 있습니다.
무엇일까요?
다름 아닌 생명성입니다. 지구상 모든 존재가 물을 통해 갈증을 해소하고
생명을 이어갑니다. 그러니, 흔히들 '물은 생명이다'라고 하잖아요?
'홀로 흐르지 않는 강물'은 여기에서 한 걸음 더 나아갑니다. 더불어 풍
요로운 생명을 지향합니다. 강물은 뭇 생명을 품을 뿐 아니라, 흙, 모래,
자갈을 실어와 땅을 기름지게 합니다. 심지어 자신을 태워 수증기가 되어

서도 주변 생명의 갈증을 달래줍니다. 밤낮을 넘기면 강물은 안개로 피어올라 생명을 키우고 튼실한 열매를 맺도록 도와줍니다. 그 지극한 생명성에 가슴을 열지 않을 사람이 있는지요?

저는 '홀로 흐르지 않는 강물'의 상징성을 '강의 숨결'이라 하였습니다. 강물이 품은 생명뿐 아니라, 그의 숨결로 주변의 생명이 살아나는 모습을 중시했습니다.
이 책은 섬진강을 노래합니다.
그동안 섬진강에 관련된 여러 책이 쏟아져 나왔지만, 대부분이 '섬진강에 대한' 이야기였습니다.
어느 위인을 얘기하면서 '○○가 어디에 살고, 얼마나 큰 집을 소유하고 있으며, 아내가 양귀비처럼 미인이더라' 한다면 이게 위인의 얘기입니까, 위인에 관한 얘기입니까? 후자이잖아요? 위인을 얘기하려면 그의 성격과 사람됨, 그리고 가치관 등을 말해야 옳지요.
섬진강을 말함은, 섬진강이 갖는 생명성을 뜻합니다.

강물의 입장이 되어 강의 기억을 더듬어보고, 원시의 강을 그려보는 시도로 문을 열었습니다. 드넓은 백사청류(白沙淸流)가 펼쳐졌던 과거를 찾아서 섬진강에서 우리가 찾아야 할 강의 이미지를 살려보았습니다.

섬진강은 우리나라 5대강에 들면서도 바다와 자유롭게 소통하는 유일한 강입니다. 또한 남도의 경계를 흐르면서 자연성을 가장 잘 간직한 강입니다. 인간의 간섭이 최소화된 강입니다.

책을 집필하는 과정에서 중점을 둔 영역은 강의 습지입니다. 이 책의 중심이라고 할 수 있지요. 적어도 생명의 관점에서 그렇습니다. 뭍과 물을 이어주는 생명의 보고이니까요. 그런 점에서 곡성의 침실습지와 제월습지에서 하동의 갯벌습지에 이르기까지 눈여겨 관찰해보았습니다. 수십 번 들락거리며 계절에 따라 순환하는 생명의 모습을 담고자 했습니다. 습지의 앞뒤로는 강의 풍경, 생명, 그리고 사랑을 차례로 배치하여 강이 갖는 본래의 모습에 다가가고자 했습니다.

지난 2년을 섬진강 주변에 머물면서 걷고 걸었던 날들이 새삼 주마등처럼 스쳐 갑니다. 앞이 막혀서 막막한 날들도 참 많았습니다. 의도한 결과보다 헛걸음하는 날들이 더 많았지만 그래도 좋았습니다. 늘 자연 속 축복이었으니까요.

국내에 관련 자료가 부족해서 여러 어려움이 있었습니다. 주로 두 발에 의존해서 관찰-탐문-정리의 과정을 거치다 보니 사실과 다른 부분이 있을까 적이 염려됩니다. 군데군데 표현이 거칠고 매끄럽지 못한 부분도 있습니다. 여러분도 함께 강의 생명과 생태를 찾아가는 과정이라 여겨주시면 좋겠습니다.

강의 숨결을 이해하는 데 '섬진강 사람들'의 고마움이 컸습니다. 그들은 섬진강에 기대어 함께 울고 웃으며 살아가는 분들이지요. 부드러운 섬진강의 품을 닮아 친절하게 맞이해주신 덕분에 어둠을 헤쳐나올 수 있었습니다. 책의 뒷부분에 성함을 올려 고마움에 대신하고자 합니다.

구례에 머무는 동안 불편함 없이 세세하게 살펴주신 임명식·장세은 부부께 감사드립니다. 숙소를 드나들 때마다 웃음을 선사하던 병은 씨의 모습도 눈에 선합니다. 아울러 구례의 생활에 안착할 수 있도록 배려해주신 김미희·미라 자매님도 잊을 수 없습니다.

이 책이 나오기까지 안내도를 제작하고 교정을 보아준 두 딸의 응원도 큰 힘이 되었습니다. 무엇보다도, 시작도 끝도 없는 강줄기를 따라 끝까지 동행해준 아내의 고마움을 글로나마 대신합니다.

아무쪼록 이 글이 섬진강의 생명을 일으키는 한 알의 씨앗이 되길 소망합니다.

광교산 자락에서
도중 **황 운 연**

7

−차례−

머리말 … 4

원시(原始)의 희원(希願) … 11

1부 강의 기억

1장 강의 기억 … 15
  1. 생명의 근원 … 15
  2. 강의 기억 … 16
    (1) 섬진강의 기억 … 18
    (2) 악양천의 기억 … 21
    (3) 악양천의 생명 … 28

2장 산하의 기억 … 39
  1. 구례의 산하 … 40
    (1) 새들의 천국 … 42
    (2) 섬진강 대나무 … 52
  2. 쫓비산 매화 … 58
    (1) 찔레향에 취하다 … 59
    (2) 쫓비산 매화 … 62
  3. 지리산 야생차 … 66
    (1) 다선일체 … 66
    (2) 하동 야생차 … 70

2부 강의 풍경

1장 옥정호 … 83
  1. 섬진강댐 … 83
  2. 옥정호 … 86

2장 임실 섬진강 길 … 97
  1. 상류의 풍경 … 97
  2. 덕치초에서 … 101
  3. 강변 마을 사람들 … 105

3부 강의 습지

1장 습지의 기억 … 121

2장 강의 습지 … 127
  1. 하천 습지 … 128
    (1) 침실 습지 … 129
    (2) 제월습지 … 152
  2. 기수역 갯벌 습지 … 164
    (1) 기수역 … 164
    (2) 갯벌 습지 … 170

3장 습지의 보전 … 179

4부 강의 생명

1장 소통의 강 … 187
  1. 은어의 귀향 … 189
  2. 연어의 여정 … 191
  3. 참게의 여행 … 194

2장 하동 재첩 … 199
  1. 재첩잡이 풍경 … 199
  2. 갱조래, 재첩 … 201

5부 강의 사랑

1장 새들의 사랑 … 211
  1. 강가의 새들 … 211
  2. 새들의 사랑 … 219
  3. 어미새 사랑 … 225

2장 마지막 줄배 … 231
  1. 줄배의 사랑 … 231
  2. 마지막 줄배 … 235

에필로그 … 242
  1. 일상으로 다가가기 … 243
  2. 살어리 살어리랏다 … 247
(부록) 섬진강 사람들 … 251

원시(原始)의 희원(希願)

흘러간 어제를
그리워하며
오늘도 안개 속을
걷고 있을까요?
보고픈 임을
만나러 갑니다.

수달 첨벙대던
강물 너머
해 뉘엿뉘엿 기울면
보낸 임 그리워
강가를 서성일까요?

다시 돌아왔습니다.
강은 늘 거기에서 그렇게 흐르는데,
나는 수없이 그리워 오고 또 오고
머물다 못내 아쉬움에 발길을 돌립니다.

습지의 안개가 그랬습니다.
새벽이면 강 따라 달려갔던 그 무수한 날들.
닿을 듯 피어오르다 삽시간에
사라지면 허기가 찾아왔지요.

오늘은 나타나려나
강가 모래밭에서 숨죽이고 쪼그려 앉으면
어느 틈에 피어오르는 갓꽃의 알싸한 향기.

아기 손자국 닮은 수달 발자국 옆에
움푹 파인 고라니의 두 굽 발자취.
어울릴 듯 말듯 이어지는
그들의 동행에 끼어듭니다.
아기처럼 한 발 한 발 폭폭 찍었습니다.

고독함일까요? 야생일까요?
되찾지 못하는 원시의 생명성에
자꾸자꾸 목마릅니다.

강의 / 기억

제1부

물은 생명이고, 강은 흐름이다.

흐름은 자유롭다. 낮은 곳을 찾아 끊임없이 흐른다.

인간이 제멋대로 막고 가두어도 물의 기억은 살아 숨 쉰다.

그 기억의 흐름이 오늘에 이르러 섬진강을 노래한다.

수천 년의 시공간을 넘어 생명에서 생명으로 이어주는 순환이다.

산하(山河)! 산과 강이 만나 자연을 이룬다.

산은 비와 바람을 내어주고,

강은 이를 받아 안개를 만들어 주변의 만물을 적신다.

햇빛이 다가와 강산을 어루만지면 생명은 기지개를 켠다.

산하가 어울린 고장, 구례, 하동, 그리고 광양을 찾았다.

자연 속 생명의 풍요를 안은 남도의 고향이다.

1장
강(江)의 기억

1. 생명의 근원

잠자리에서 뒤척이다 햇빛을 궁리해보았습니다.

"이 세상에 햇빛이 없으면 어땠을까?"하고 가정해봅니다. 뻔하겠죠?

지구는 동토의 왕국으로 변해버리고 모든 생명은 절멸하겠죠?

그렇습니다. 햇빛은 생명의 근원입니다. 햇빛은 에너지를 생성해주는 근원입니다. 햇빛 에너지를 동력으로 모든 생물이 살아갑니다. 식물은 빛 에너지를 이용해 유기 영양분을 만듭니다. 이것을 동물이 먹고 살잖아요?

그런데 여기에서 놓치지 말아야 할 생명의 근원이 또 하나 있습니다. 무엇일까요? 예. 그렇습니다. 물입니다. 식물은 빛 에너지를 이용하되, 이산화탄소와 물을 합성하여 포도당과 산소를 만듭니다. 초등학교 때부터 익히 들은 광합성작용입니다.

태양이 존재하되 물이 없다면 지구는 어떻게 될까요?

역시 죽음의 세계이겠죠? 그러니 '물은 생명이다'라고들 합니다.

《강의 숨결》도 결국 물의 얘기입니다. '물'의 속성 그대로인 '강물' 얘기입니다. 강물이 자연에 숨결을 불어 넣는 이치를 관찰해보고자 함이지요.

'강물'이라고 함은 이미 '흐름'을 함의(含意)하고 있잖아요?

흐름은 움직임입니다. 낮은 곳이면 어디든지 흘러간다는 말이죠. 사람들은 흐름 속에서 낙차를 생각하고 에너지를 찾아냈습니다. 하지만, 더욱 중요한 것은 흐름 속에 숨어 있는 생명의 연결과 역동성입니다. 흐름은 고립되었던 이쪽과 저쪽의 통로입니다. 영양분을 날라주고 생명을 이어주어 서로 먹이 사슬로 얽히게 함으로써 더욱 유기적인 관계를 형성해나가죠.

이제부터 생명의 근원을 만나러 태고적 원시(原始)의 강을 찾아가 봅니다.

2. 강의 기억

'강'이라 하면, 혹시 이렇게 생각하지 않나요?

'물이 일정한 폭을 가지고 제방을 따라 정해진 경로대로 바다까지 흘러가는 크고 긴 수로' 정도로요. 물론 중간중간에 시내와 샛강을 받아들여 하류로 갈수록 더 큰 하천을 이룬다는 상식까지 더해서 말입니다. 전국 어디를 가도 강의 모습이 그러하니 그리 단정 짓는 것도 무리는 아닙니다.

하지만, 잠깐 멈춰서 물의 관점으로 돌아가 보세요.

어디로든 자유롭게 흐르고 싶어 하죠. 자기보다 낮은 곳이면 어디든 거침없이 흐릅니다. 산과 구릉이 내어준 물은 너른 벌판을 적시며 퍼져나갑니다. 물은 여러 갈래로 나누어 흩어지다가 모이고 또다시 퍼집니다. 일정한 흐름도, 정해진 폭도, 경로도 갖지 않습니다. 이른바, '원시(原始)의 강'[1]입니다.

'제멋대로' 주변을 적시고 흐르고 넘치고 퍼지며 변화는 계속됩니다. 경사를 만나면 흐름을 재촉합니다. 그러다 완만한 곳에 이르면 모래며 자갈을 떨구어 놓습니다. 쌓인 모래톱과 자갈밭은 다시 흐름에 변화를 주고……. 굴곡진 곳을 흐를 땐 어떤가요? 안과 밖의 유속이 달라 물길을 트고 막고 야단입니다. 물론 오랜 세월이 걸리는 얘기지만요.

마침내, '원시(原始)의 강'은 온갖 형상을 그리며 생명을 품습니다.

물의 흐름이 만들어 낸 굴곡진 수변(水邊), 모래톱, 자갈밭, 수풀 섬, 길게 이어진 사주(沙柱)……. 이어서 수초가 자라고, 유기물, 수서곤충, 물고기 등이 깃들지요. 다시 이들을 먹이로 삼는 조류와 포유류가 찾아들어 풍부한 생태계를 만듭니다. 먹이 사슬은 촘촘해지고 긴장감이 꽉 차지요. '제멋대로' 흐르는 물은 이어지고 이어져 '강의 기억'을 노래합니다. 바로, 자유입니다. 물이 어디로든 흐를 자유!

---

1) 인간의 개입이 거의 없는 자연 그대로 강이다. 제방, 댐, 수로, 오염 등이 없는 자연의 강이다.

(1) 섬진강의 기억

 오늘도, 섬진강은 '원시의 강'을 기억하며 흐릅니다.

 인간이 만든 제방으로 정해진 경로로 흘러야 하는 구속이 있긴 하지만, 흐름의 자유는 잃지 않았습니다. 흐름은 계속되어 212.3km의 여정을 이어갑니다. '원시 강의 기억'은 무수한 생명에 강의 숨결을 불어 넣습니다. 진안에서 시작하여 임실, 곡성, 구례, 하동, 그리고 광양에 이르기까지 주변을 적시고 안개를 드리우며 넓은 어머니의 품으로 끌어안았습니다. 이제 그가 부르는 생명의 노래를 귀담아들을 시간입니다.

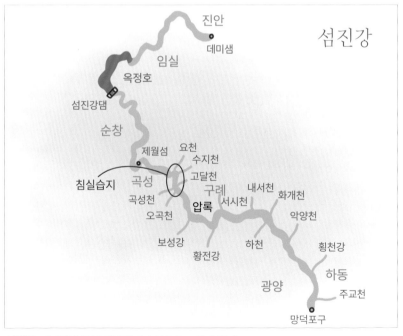

섬진강 데미샘에서 망덕포구까지 212.3km를 흐른다.

섬진강은 진안 팔공산 데미샘에서 태어났습니다. 산악지대의 골을 따라 굽이굽이 돌고 돌아 흐릅니다. 그러다 임실에서 커다란 장애를 만납니다. 섬진강댐이죠. 그 바람에 '옥정호'라는 어마어마한 인공 호수가 생겨났습니다. 댐의 아래쪽, 임실을 흐르는 강은 잠시 주춤거리는 듯하죠.

하지만, 물은 본연의 속성을 되찾습니다. 낮은 곳이면 어디든 흐르는 '기억'을 잊지 않았습니다. 임실에서 회문산과 용궐산을 휘돌며 바위를 어우르고 작은 내를 받아들이며 차츰 강 본연의 모습을 갖춥니다. 동계면 오수천, 순창군 경천, 옥과면 옥과천을 차례로 품으며 제월섬에 이릅니다.

섬진강이 침실습지에 이르면 그 품이 얼마나 넉넉한지 비로소 깨닫게 됩니다. 남원의 요천과 수지천, 그리고 곡성의 곡성천, 오곡천, 고달천을 품에 안으며 광활한 습지를 형성했습니다.

강은 마침내 드넓은 벌판에 이르러 퍼지고 흩어지며 습지를 적십니다. 동으로 전북 남원시 대강면, 서로 전남 곡성에 펼쳐진 광활한 평지입니다. 얼마나 넓었으면 인근 지명을 '대평리(大坪里)'[곡성읍 대평리]라 지었을까 싶습니다. 물론 호남평야에 견줄 바는 아니지만, 남한 최대의 산악지대인 지리산 인근에 이처럼 호쾌하게 펼쳐진 평야가 없으니까요. 물은 사방팔방으로 자유분방하게 넘쳐흐릅니다.

현지 주민의 말을 빌리면, 순창 향가에서 곡성 오곡면 압록까지 백사청류(白沙淸流)가 끝없이 이어졌었다 합니다. 적셔진 땅에는 이끼가 끼고, 수생식물이 자라고, 곤충이 모여들고 물고기와 새가 찾았습니다.

그곳의 어른들은 말합니다.

"옛날엔 물이 넘실대고 맑았제. 어데든 그물을 치면, 물고기가 바글바글했제."

지금은 상상하기 어려울 정도로 습지가 넓게 형성되었고 온통 동·식물의 서식지였으니 그러했을 겁니다.

강이 곡성군의 경계를 막 지나 구례에 이를 즈음 압록에서 보성강을 받아들이며 그 품은 더욱 넓고 깊어지죠. 이후 구례에 들면서 본격적으로 지리산 자락에 접어듭니다.

지리산 남서부의 수십 계곡에서 흘러나온 계류는, 구례에서 황전강, 서시천과 내서천, 하동에서 화개천과 횡천강으로 모여들어 섬진강으로 흘러듭니다. 사람의 몸 곳곳으로 혈류가 퍼져 따스한 생명을 만들 듯, 골짜기마다 아우르고 에둘러 흐르는 하천으로 산하(山河)는 생기가 넘칩니다.

강과 산이 어우러져 하동 광양에 이를 즈음, 섬진강은 모천(母川)의 품을 완성하고 마침내 바다와 한 몸이 되어 소통합니다. 참게, 황어, 은어, 숭어, 그리고 연어를 아낌없이 품으며 여정을 마감합니다.

생명의 강, 섬진강!

오늘도 '원시의 강'을 기억하며 뭇 생명을 품고 키웁니다.

(2) 악양천의 기억

악양벌

구례를 휘돌아 나가던 섬진강은 일생일대의 진객을 만납니다. 좌로는 지리산, 우로는 백운산을 이름이죠. 산의 맥이 거대한 만큼 골도 깊습니다. 강은, 두 산이 내어주는 크고 작은 계류(溪流)를 품어 유장하게 흐릅니다. 그러다 하동 악양에 이르면, 남으로 흐르던 지리산의 기운(氣運)이 남동으로 휘돌지요. 그 사이 강물은 너른 평야를 만나 산지사방에 퍼져나갑니다. 여기에 악양천이 가세합니다. 시루봉을 머리에 이고 악양을 관통하여 남으로 내려오다 섬진강과 합류하지요. 강은 행보를 한 보 더 늦추어 악양물을 품으며 실어 온 모래와 자갈을 너른 벌판에 풀어놓습니다. 그렇게 강물이 범람하고 모래 자갈이 쌓였죠. 켜켜이 쌓인 모래벌판엔 수천 년의 세월이 녹아 있습니다. 이른바 악양 백사(白沙) 벌입니다. 섬진강과 악양천을 사이에 두고 사방 십 리에 이르는 광활한 백사장입니다. 삼면으로 지리산 줄기의 호위를 받으며 눈부시게 펼쳐진 명사십리(明沙十里), 악양 벌판입니다!

악양천 하구 사진 좌측의 다리가 악양교(국도 19번)이다. 악양천과 섬진강이 합류하는 지점이다. 악양천을 가로지르는 다리(사진 오른쪽) 이쪽 편이 개치나루터가 자리 했던 곳이다.

어느덧 해가 뉘엿뉘엿하면 섬진강은 북서로부터 구불구불 산의 골을 타고 황금 빛줄기를 뻗습니다. 그 비단길을 타고 수백의 기러기 떼가 악양 백사장 습지에 날아듭니다. 오릿과 특유의 둔중함으로 그 퍼덕거림만으로도 가슴 뛰는 맥동이 느껴집니다. 낭군을 기다리던 여인은 잠시 기러기의 날갯짓에 정신이 팔렸습니다. 순간 마을 사람들의 술렁거림이 들립니다. 고개를 돌리니, 멀리 돛단배가 보입니다. 일행과 함께 남해를 향해 떠났던 낭군이 먼 포구에서 돌아옵니다. 쌀을 내어주고, 생필품과 소금을 가득 싣고 들어옵니다. 범포에 물건을 부리면, 인근의 시장은 한동안 북적거릴 겁니다. 나루터 언저리에 있던 여인은 까치발을 딛고 서서 뱃머리를 향해 손을 흔듭니다. 여인의 얼굴이 발그레 붉어집니다. 낭군 탓인지 강의 노을 탓인지 모르겠습니다.

☞ [악양벌]

수천 년 전, 섬진강과 악양천에 제방이 없던 원시 강을 그렸습니다. 강물이 제멋대로 흐르다 악양에 이르러 눈부신 명사십리 악양벌을 만들었습니다. 역사 속 원시 강의 자유분방함을 상상하길 바랍니다.

☞ [平沙落雁(평사낙안) 遠浦歸帆(원포귀범)]

중국의 소상팔경(瀟湘八景)을 본뜬 하동 팔경, 그중 악양의 이경(二景)을 풀어보았습니다. 시대 배경은 1,500년 전, 신라가 융성하던 6세기 중엽으로 돌아갑니다. 신라시대 '범포'는 지금의 악양천 하구에 자리한 나루터를 말합니다. 조선시대에는 '개치나루'로 불렸습니다. 섬진강과 악양천이 만나는 지점입니다. 역사를 통해 자연의 속 그림을 그렸습니다.

"혹시 악양천을 아시나요?"

"글쎄요. 잘 모르겠는데…. 악양에 있나요?"

"그러면, 최참판댁은?"

"아! 평사리 최참판댁 말이죠? 소설『토지』의 무대가 된 곳 아녜요?"

이 대화대로 여러분도 대충 따라가는 형국이죠?

'최참판댁' 하면, '평사리'를 떠올리고『토지』의 배경지까지 척척 꿰입니다. 박경리 선생의 작품과 이곳 지자체의 관광 상품이 절묘하게 맞은 덕분입니다.

그런데, 악양천은?

열이면 열, 모른다고 할 겁니다. 그다지 큰 하천이지도 않거니와, 이렇다 할 특징이 없으니 외부인에게 알려지지 않은 까닭입니다.

악양천은, 하동군 악양면을 남북으로 관통하는 하천입니다. 악양천 하구역 서쪽이 평사리이고, 동쪽이 개치마을입니다. 조선시대 개치나루가 자리했던 곳이기도 하죠. 하동 고소성에 오르면, 한눈에 평사리 들판과 휘돌아가는 섬진강을 조망할 수 있습니다. 가까이에 동정호가 보이고 잘 정돈된 평사리 논들이 펼쳐집니다. 그 끝에 악양천이 남으로 흐릅니다. 하지만, 높은 제방 때문에 하천이 보이지는 않지요. 악양천의 존재가 숨겨져 있는 이유이기도 합니다.

앞에서『토지』얘기가 나왔으니 조금 더 말해볼까요?

하동군 악양면 평사리 '최참판댁'을 방문하면 휘~이 둘러보고 가잖아요? 조금 더 관심 있는 분들은 평사리 벌판의 '서희 길상 부부송(夫婦松)'까지 보고 갑니다.

뭐, 『토지』의 배경이 궁금하니까 그렇다 치고….

그럼 이번엔, 그 배경을 넘어 주제에 주목하면 어떨까요? '최참판댁'이 아닌, 삶의 터전으로써 '토지' 말입니다. 그 토지를 토지답게 만들어주는 대상에 주의를 기울여보면 좋겠습니다. 즉, 토지에 생명을 불어넣어 주는 '그 무엇' 말입니다.

토지를 살아 숨 쉬게 해주는 건, '물'입니다. 여기에서 토지는 건물을 짓고 시설을 사용하기 위한 땅이 아니라, 생명을 키우는 대지를 말하니까요. 그 물을 공급해주는 주인공이 다름 아닌 악양천입니다. 평사리 들판 옆을 흐르는 하천이지요. 악양천이 남으로 흐르면서 하천의 좌우는 논들로 이어집니다. 그 정점이 악양벌입니다. 모두 악양천의 물을 먹고 크는 생명이지요.

이제 평사리 들판의
'토지'를 살리는 존재,
악양천을 알겠죠?

악양천

덕기 마을

악
양
천

악양중학교   신흥마을

악양면사무소

고소성   최참판댁

동정호
섬   악양벌   개치나루(벙포)

진
강   개치마을

악양천
하동군 악양면을
남북으로 관통하며 흐른다.
하구에서 섬진강과 합류하며
넓은 악양벌을 만들었다.

하동 고소성에서 바라본 악양벌 한눈에 평사리 들판과 휘돌아가는 섬진강이 시원하게 펼쳐진다. 가까이에 동정호가 보이고 잘 정돈된 평사리 논들, 그리고 그 끝에 악양천이 흘러 섬진강과 합류한다.

이번엔 시대를 거슬러 올라가 일제 강점기 이전으로 돌아가 봅니다.

"왜정 이전엔 이곳은 별로 주목받지 못한 기라. 섬진강과 악양천 제방이 제대로 구실을 하지 못했어. 이 드넓은 평사리 벌판이 모두 백사장인 기라. 섬진강과 악양천이 수시로 범람한 기라. 시방 이곳을 파보면 천지가 모래투성이인 기라. 홍수가 나고 범람하기를 되풀이하여 모래벌판을 만들지 않았는감. 제대로 제방이 갖추어진 지는 저 19번 국도가 놓인 1990년대 무렵인 기라. 물론 근대에 들어와 제방이 어느 정도 만들어졌지만, 여전히 미흡했던 기라."

악양천 하구에서 만난 이쌍석 씨의 회고입니다. 그는 70년 평생을 악양에서 태어나 오늘에 이르렀습니다. 평사리 들판에서 배 농장을 운영한 지도 55년째입니다. 그야말로 평사리 지킴이라고 해도 과언이 아닙니다.

"이 선생님의 어린 시절에 홍수의 기억이 많겠습니다?"
"하무요. 여름엔 수시로 범람하여 들판이 잠긴 기라. 가장 무서운 비가 처서 물, 백로 물이라 캅디다."
"처서, 백로 때 내리는 비로 인한 홍수 말인가요?"
"하무요. 막 벼가 익어가는 때, 홍수는 모든 농민에게 두려운 대상인 기라. 당시 들에 있는 논은 논이 아닌 기라. 산기슭에 있는 논이라야 논이었지."
"들판의 논은 모두 잠겨버리니까 그렇다는 말씀이죠?"
"모두 잠겨버리니까…. 정말 무서운 존재였지."

벼 이삭이 패고 영글어가는 처서와 백로 즈음에 내리는 비는 농부에게 그렇게 두려운 존재였습니다. 한 해 농사가 하루아침에 거덜 날 수도 있으니까요. 지금은 농수로가 잘 정비되어 훨씬 나아졌습니다.

여기에서 잠시 농부를 잊고 자연으로 돌아가 봅니다.
악양천과 섬진강에 제방이 없던 아주 머~언 옛날, 수천 년 전으로 가봅니다. 악양천에서 흘러나온 물은 섬진강을 만나 서로 치고받고 휘돌며 악양벌을 흥건히 적셔 나갔습니다. 섬진강, 악양천, 그리고 악양벌의 구분과 경계가 없었죠. 물은 낮은 곳이면 어디로든 자유분방하게 흘러 흩어지고 모였죠. 제법 큰 호수도 만들어지고 여기저기 웅덩이와 습지식물이 자랐습니다. 사방 십 리가 넘는 엄청난 습지였습니다. 지금 평사리 논들이 사방 오 리이니, 악양벌의 규모는 그 4~5배에 달했습니다.

"강바닥 모래에 손을 넣고 휘저으면 재첩이 한 움큼씩 나왔습니다. 정말 모래 반 재첩 반이었습니다. 밤이 오면 동네 개구쟁이들과 햇불을 밝히고 강가로 갔습니다. 불을 밝히면 새우가 떼로 몰려들었거든요. 토종 민물새우, 새뱅이 말입니다. 물고기도 바글바글했죠. 은어, 붕어, 쏘가리, 꺽지, 자라, 참게 등이 천지였지요. 불을 밝혀 물고기가 달려들면 몽둥이로 내리쳐서 잡았습니다."

이곳 개치마을에서 태어난 박용범 씨의 어린 시절 회고담입니다. 불과 45년 전, 1970년대 후반 얘기입니다. 당시가 그러하니 수천 년 전의 생태계는 어떠했을지 짐작이 가고도 남음이 있습니다. 습지의 존폐가 생태계에 얼마나 심대한 영향을 미치는지 세월이 지나 절감합니다.

(3) 악양천의 생명

악양면을 관통하는 악양천을 따라 걷습니다. 원시 하천의 기억도 더듬어 보고, 거기에 어떤 생명이 깃들어 살고 있는지 관찰해보고자 합니다.

"삑~, 삐익, 삑!"

어디선가 희미하게 소리가 들립니다. 물소리와 달리 짧은 고음이라 확연히 구분되는 새 울음소리입니다. 가던 길을 멈추고 소리 나는 방향을 주시하니 그 작은 놈은 어느새 표로롱~ 하천 건너로 날아가 버립니다. 크기나 색깔을 보건대, 이번 봄에 부화한 검은등할미새인 듯싶습니다.

예상은 하였지만, 가을에 야생의 새를 관찰하기란 여간 어렵지 않습니다. 봄의 번식기엔 강변에서 어미가 알을 품고 새끼를 키우는 장면을 이따금 볼 수 있었거든요. 특히 먹이를 물고 새끼가 있는 둥우리 인근에서 경계하는 모습을 심심치 않게 목격할 수 있었죠. 가을에 들어서니, 흔한 백로 삼총사(쇠백로, 중대백로, 왜가리), 까마귀, 멧비둘기 정도가 자주 눈에 띌 뿐입니다.

후드득~ 후드드득~.

우산에 떨어지는 빗방울 소리가 제법 세졌습니다. 악양천 제방 공사가 마무리되지 않아 진흙탕에 빠진 운동화가 말이 아닙니다. 하는 수 없이 냇가 자갈밭에 몸을 부리고 앉았습니다.

코앞에 시냇물을 마주하니 배를 탄 느낌입니다. 시냇물 수면에 내리꽂히는 무수한 빗방울로 한바탕 물꽃 춤이 흐드러집니다. 하천 바로 위 보에서 떨어지는 우렁찬 물소리와 우산 위에 후두둑 떨어지는 소리가 배경음을 맡습니다.

눈을 들면 멀리 운중산맥(雲中山脈)이 아스라합니다. 물소리 가운데 고요한 산중 운무라! 정중동의 분위기가 그윽합니다. 그래서 그런지 이상범 선생의 「고원무림(高遠霧林)」은 필자가 처한 환경을 잘 대변해 주는 듯합니다.

'운무에 휩싸인 지리산, 우중(雨中)에 무심히 흐르는 시냇물, 그리고 그 속에 한 점, 나……'

이상범 선생의 「고원무림(高遠霧林)」 '운무에 휩싸인 지리산, 우중(雨中)에 무심히 흐르는 시냇물, 그리고 그 속에 한 점, 나'를 연상케 한다.

'가을비는 빗자루로도 피한다'라고 했나요?

헛소리입니다. 적어도 지금은 그렇습니다. 지난 목요일부터 내리기 시작한 비가 사흘째 이렇게 계속되니까요. 빗방울은 갈수록 굵어지니 갈 길을 가야겠습니다.

하천은 '농부의 젖줄'답게 오륙백 미터 갈 때마다 보가 나타납니다. 빗발치는 우중에도 왜가리는 어도(魚道)의 길목에서 미동도 하지 않고 지킵니다. 그 아래쪽으로 백로도 고개를 움츠리고 서 있습니다. 물고기를 잡으려는 의지나 있는지 모르겠습니다. 백로의 먹이 사냥 습성은, (쇠백로든 중대백로든) 고개를 길게 빼고 수시로 걸음을 옮기거든요. 이쪽에서 사냥을 즐기던 해오라기 두 마리는 나그네의 인기척을 눈치채기 무섭게 보를 가로질러 반대편 천변을 따라 멀어져갑니다.

쇠백로와 해오라기 우중에도 사냥감을 살피고 있다.

우중도 우중이지만 정지하여 사진에 담으려 하면 어느 틈에 퍼드득거리며 멀어져갑니다. 그래도 천재일우의 기회를 포착하여 쇠백로와 해오라기가 사냥감을 살피는 장면을 포착했습니다. 지성이면 감천입니다.

보의 위쪽, 수량이 풍부한 곳에 흰뺨검둥오리들이 유유히 떠다닙니다. 필자를 보자 부지런히 건너편으로 달아납니다. 도시의 길들어진 물오리들과 달리 사람의 인기척만 느껴도 반대편 천변으로 피하기 일쑤죠. 야생의 보호 본능이죠. 필자가 걸음을 옮길 때마다 오리들이 동행합니다. 다섯 마리가 사이좋게 한 줄로 물가를 오릅니다. 그러다 앞에 있는 어미가 두리번거리다 수초를 먹으려고 자맥질합니다. 나머지도 멈춰서 하나둘 물속에 머리를 처박습니다. 비가 내려도 아랑곳없이 먹이활동에 여념이 없습니다.

흰뺨검둥오리 가족 퍼붓는 비에도 아랑곳없이 먹이활동에 여념이 없다.

이번엔 식물로 눈을 돌려 볼까요?

먼저 가시박과 칡 얘기입니다. 나무를 타고 오른 두 덩굴식물이 확연하게 눈에 들어옵니다. 얼마나 칭칭 둘러쌌는지 무슨 나무인지 정체를 알 수 없을 지경입니다. 차라리 '가시박 나무', '칡 나무'라 불러야 할 형편입니다. 나무를 덩굴로 감아서 덮어버리니 결국 나무는 고사(枯死)하고 말겠지요? 가시박은 생태교란종, 칡은 그에 버금가는 유해식물입니다.

그런데 이 두 나무를 잘

가시박과 칡 한 나무에는 가시박이, 다른 한 나무에는 칡이 에워쌌다. 자기의 세력이 우세해지면 그 우점종이 전체를 지배한다.

살펴보면, 뚜렷한 특징을 금세 읽을 수 있습니다. 한 나무에는 가시박만 있고, 다른 한 나무에는 칡만이 있습니다. 자기의 세력이 우세해지면 그 우점종이 전체를 지배하는 자연의 이치입니다. 식물의 세계에도 엄존하는군요.

몇 발자국 자리를 옮기니 가시박과 달뿌리풀이 무성하게 자랍니다. 여기에서도 자못 흥미로운 장면을 봅니다. 시냇가를 경계로 하천의 영역엔 달뿌리풀, 제방의 비탈엔 가시박 무리입니다. 그 경계가 칼로 자르듯 명확합니다. 함부로 서로의 영역을 침범하지 못합니다. 달뿌리풀은 습지식물, 가시박은 육지 식물인 까닭입니다. 제아무리 기세등등한 가시박일지라도, 그물망처럼 뿌리를 뻗어가는 달뿌리풀이라 하더라도, 서로의 영역을 조금도 침범하지 못함은 자신만의 서식 환경이 엄연하기 때문입니다.

가시박과 달뿌리풀 시냇가를 경계로 하천의 영역엔 달뿌리풀, 제방의 비탈엔 가시박이 자란다. 그 경계가 칼로 자르듯 명확하다. 달뿌리풀은 습지식물, 가시박은 육지 식물인 까닭이다.

이와는 다르게 공존하는 풀도 눈에 띕니다. 농로를 중심으로 하천의 반대쪽은 논들입니다. 농로와 논들 사이엔 닭의장풀과 바랭이가 빽빽하게 자랍니다. 농부들의 눈엔 잡초로 보이겠죠. 이국적인 파란 꽃을 한창

피워낸 닭의장풀. 그 사이사이엔 바랭이 이삭 줄기가 삐죽삐죽 튀어나왔습니다. 이삭이 여물어가고 있습니다. 둘이 이토록 번성하는 건 놀라운 생존력 덕분입니다. 줄기 마디에서 다시 뿌리를 내어 무한 번식을 하며 굳세게 살아남습니다. 사실, 공존이라기보다 서로 번식력이 강해 함께 어울려 보이는 것뿐입니다.

닭의장풀과 바랭이 닭의장풀 사이사이에 바랭이 이삭 줄기가 삐죽삐죽 튀어나왔다. 둘이 이토록 번성하는 건 놀라운 생존력 덕분이다.

산지의 계류가 그렇듯 천변의 습지식물은 대부분 달뿌리풀입니다. 악양천의 중상류부터 이런 현상을 흔하게 목격할 수 있습니다. 특히 계곡이 가까운 상류는 아예 달뿌리풀이 하천을 뒤덮었습니다. 수질을 정화하고 물고기에겐 쉴 곳과 은신처 역할을 해주니 그리 걱정할 바는 아닙니다.

악양천 중상류에 이르러 신흥마을에서 흘러나오는 지천으로 들어섰습니다. 어디선가 은은하고도 고소한 향내가 퍼집니다. 들깨 향입니다. 지금 하얀 꽃을 피우기 시작하는 무렵입니다.

향내의 유혹을 못 이기는 건, 벌도 나비도 마찬가지인가 봅니다. 붕～ 붕～, 나풀나풀～ 나풀나풀～. 꿀벌, 뒤영벌, 흰나비, 부전나비, 그리고 호랑나비까지 온통 그들의 세상입니다. 내리는 비의 세력이 좀 약해진 틈을 타서 다시 신나게 잔치를 벌입니다.

하천의 달뿌리풀 악양천 상류인 계류(溪流)에서 흔히 볼 수 있다. 수질을 정화하고 물고기에겐 쉴 곳과 은신처 역할을 해준다.

지리산 남쪽 끄트머리에서 시작되는 악양천. 중기마을과 덕기마을이 그 시작점이죠. 사람들은 지리산 기슭 여기저기에 띄엄띄엄 자신의 보금자리를 틀고 살아갑니다. 사시사철 모습을 바꾸며 보듬어주는 그 품에 안겨 살아갑니다. 중기마을 산기슭에 자리한 정자에 올랐습니다. 고산준령에 쉬어가는 구름 따라 마음을 내려놓고 오래오래 머물렀습니다.

들깨꽃의 꿀을 빠는 호랑나비

돌아오는 길. 악양천의 생태계가 잘 살아있음을 다시금 확인하며 걷습니다.

"초·중학교 시절, 수업을 마치면, 개구쟁이들과 악양천으로 자주 놀러 갔습니다. 수초 사이 구멍을 손으로 헤집으면 이런저런 물고기가 잡히곤 했죠. 미끈거리면서도 묵직한 손바닥 감촉이 지금도 느껴져요. 산메기, 붕어, 가물치 등이 잡혔어요. 가끔 물뱀, 꺽지, 혹은 참게에 물렸던 기억도 생생합니다."

앞에서 만난 박용범 씨의 어린 날 회고입니다. 생명으로 꿈틀대던 악양천이 가슴 깊이 와 닿습니다. 악양천만이 아닌, 한반도의 모든 하천이 이랬겠지요? 퍼덕거리는 물고기며 날갯짓하는 새들과 교감하며 가슴 뛰는 하루를 보냈던 친구들은 다 어디로 갔을까요! 그 바글거리던 물고기며 꽥꽥거리며 날던 기러기 떼는 다 어디로 갔을까요!

하천 따라 이어진 논들에 벼가 튼실하게 익어 고개를 숙였습니다. 악양천이 품어준 생명의 결실입니다.

농로를 걷다, 논벼에 눈을 떼지 못하는 한 할머니를 만났습니다.

"할머니, 뭘 그렇게 쳐다보세요?"

"응. 내가 심근 벼를 보는디…"

"아! 할머니 논이군요."

"응. 잘 자라줬어. 이젠 농약 안 쳐. 우렁이 넣어 벼를 키우제. 친환경이 존디 뭐할라 심들게 농약 쳐."

당신의 논을 배경으로 두 손을 모으고 다소곳한 자세를 취한 할머니. 피 하나 보이지 않은
정연한 논들은 할머니의 치열한 노동의 결과다.

할머니(86세)는 묻지도 않은 친환경 논을 자랑합니다. 명확하지 않은
발음에도 말투가 다부집니다. 피 하나 보이지 않은 정연한 들판을 보니,
평생 생존의 노동이 어떠했을지 짐작이 갑니다.

기념으로 당신의 논을 배경으로 사진 한 장 부탁드렸더니, 어느새
두 손을 모으고 다소곳한 18세 소녀가 되었습니다.

무릇 하늘과 땅 사이에 생명은 지극하여 자연은 아름답습니다. 악양천
의 사랑은 할머니의 정성이 더해져서 더욱 빛나고 있지요.

2장

산하(山河)의 기억

북에서 남으로 흐르던 섬진강은 압록유원지에서 보성강과 합류하면서 남동으로 방향을 틀며 구례로 흘러듭니다. 봉두산과 별봉산을 바라보며 흐르던 강물은 오산을 만나 다시 한번 크게 휘돌아갑니다. 이윽고 좌로는 지리산, 우로는 백운산 자락의 호위를 받으며 강물은 남으로 흐르지요. 지리산 자락 아래가 하동이요, 백운산 남쪽이 광양입니다.

산자락 끄트머리, 섬진강을 이웃에 두고 자리한 고장이 구례, 하동, 그리고 광양입니다. 따스한 햇볕과 일교차, 온화한 기후, 강물이 실어 온 기름진 토양, 그리고 산비탈에서 불어온 바람이 강과 만나 풍부한 습기를 품은 축복의 땅입니다. 산하(山河)가 어우러진 천혜의 자연환경 속에서 오곡백과가 풍성합니다. 구례 대봉감, 하동 야생차, 그리고 광양 매실은 전국에서도 으뜸가는 특산물입니다. 수천 년 산하의 기억을 간직한 남녘의 땅, 구례, 하동, 그리고 광양을 찾아갑니다.

1. 구례의 산하

구례화엄사IC를 나오면 19번 국도에 들어섭니다. 구례로 들어가는 초입입니다. 국도 옆으로 서시천이 나란히 이어집니다. 4월이면 벚꽃이 도로와 천변을 따라 흐드러지게 피어나 구례를 방문하는 이의 마음을 사로잡습니다. 서시천 너머로는 섬진강이 흐릅니다. 눈을 들어 시선을 멀리하면 지리산이 병풍처럼 펼쳐집니다. 산자락에 희뿌연 운무를 드리운 채 웅크린 자태만으로도 가슴이 벅차오릅니다.

섬진강과 서시천이 구례읍을 감싸고, 그 외곽으로 지리산, 봉두산, 그리고 오산이 에워싼 모습입니다. 바깥으로 산이 둘러싸고 그 안으로 에둘러 강이 흐른다는 사실은, 구례가 분지임을 말해줍니다. 2020년 여름에 겪은 물난리의 아픔을 뒤로한다면, 구례야말로 산하가 잘 어우러진 고장임을 알 수 있습니다.

섬진강과 서시천은 주변의 산에서 맑은 물과 유기물을 실어 옵니다. 산에서 불어오는 바람은 강과 만나 안개를 만듭니다. 그 결과 기름진 토양과 풍부한 습기를 갖습니다.

구례에서 압록까지 섬진강 강변(구례읍 계산리 방면) 20리 길을 걷다 보면 새삼 놀라움을 금치 못합니다. 신촌리에서 계산리를 거쳐 압록까지 섬진강을 따라 감나무밭이 끝없이 이어졌습니다. 이곳을 걷다 보면 왜 감나무인지 알 것 같습니다. 풍부한 일조량, 기름진 토양, 높은 습도와 일교차 등 뭐 하나 빠질 것 없는 천혜의 자연환경입니다. 대봉감이 탄생하기에 최적지입니다. 구례산 대봉감이 왜 그리 유명한지 알겠죠?

산나물과 약초 또한 지천에 가득하며 표고버섯, 송이버섯, 목이버섯 등 산이 내어주는 귀한 선물이 철철이 줄을 잇습니다. 그러하니 예부터 구례오일장(3,8일)은 삼남에서 으뜸가는 장 중 하나였습니다.

(1) 새들의 천국

산과 물이 주는 풍요는 새들에게도 마찬가지입니다.

"○○를 방문했더니 별의별 새가 참 많더라." 한다면, 사람 살기에도 좋은 동네라는 뜻이지요. 구례가 딱 그렇습니다. 살기 좋은 곳에 새와 인간이 다를 바 없지요. 구례에 머물면서 새를 유심히 관찰해보기로 했습니다.

3월 하순입니다. 서시천을 따라 개나리와 벚꽃이 만개하여 온통 꽃세상입니다.

이른 아침인데도 소란스럽습니다. 개나리와 벚나무를 오가며 부산을 떠는 녀석들 탓입니다. 이 녀석들도 꽃이 좋은 줄 압니다.

직박구리 얘기입니다.

꽃잎을 따 먹기도 하고 꽃 속의 꿀을 빠느라 바쁩니다. 그런 와중에도 쉴 새 없이 지저귑니다.

"빼 애액 빼 애액 쨱쨱"

여름이면 영양 많은 벌레를 잡아먹겠지만, 지금도 그런대로 괜찮습니다. 곧 4월이면 번식기에 들어갈 채비를 해야 하니까요. 부지런히 허기를 달래고 짝도 찾아야 하니 눈코 뜰 새 없는 하루입니다.

공설운동장을 지나 광의대교에 이르는 천변에 접어들었습니다.

아침 햇살이 오르기 전, 흰뺨검둥오리 몇몇이 모여 깃털을 고르며 몸단장합니다. 밤새 굳어진 몸도 풀고 깃털도 고르면서 활기를 되찾습니다. 상류 쪽엔 왜가리가 미동도 하지 않고 고개 들어 무언가를 뚫어지게 지켜봅니다.

아쉽게도 읍 주변 서시천은 제방 보강 공사를 하느라 중장비와 트럭이 오가는 통에, 당분간 천변의 자연 관찰이 어려울 듯합니다.

4월 중순, 봄이 한창입니다. 새벽에 습지를 다녀와서 느긋한 오후를 즐깁니다. 평소처럼 탁 트인 (구례중앙) 초등학교 운동장을 바라보는데 축구 골대 뒤 펜스에 무슨 새인가 날아와 앉습니다. 좀 밝은 갈색이어서 호기심을 갖고 카메라 줌을 잔뜩 당겼습니다. 머리에 댕기가 있고 날개 깃털에 검고 흰 물결무늬가 확연합니다.

후투티 머리에 댕기가 있고 날개 깃털에 검고 흰 물결무늬가 확연하다.

후투티입니다. 한반도 중부 이북에서 볼 수 있는 흔치 않은 여름철새입니다. 부리가 비교적 길고 약간 굽어서 땅속 벌레를 잡아먹기에 알맞게 진화하였습니다. 지금 먹이를 입에 물고 있는 것으로 보아 근처에 둥지가 있는 모양입니다. 여느 새들처럼 둥지에 접근하기 전, 주변을 경계합니다. 바야흐로 날개를 쉴 틈이 없는 번식기입니다.

마침 새벽에 침실습지를 방문하여 흰목물떼새 한 쌍을 발견하고 들뜬 마음에 벗들에게 사진을 올렸던 터였습니다. 짝을 맺으려 시도 중인지, 앞서거니 뒤서거니 하면서 종종거리던 녀석이 어찌나 귀엽던지요. 달리기라면 2등도 서러워할 꼬마 친구입니다.

후투티와 흰목물떼새와의 만남으로, 오늘 하루만으로도 새들에게 한층 가까워졌습니다.

숙소의 아침은 새의 울음으로 시작합니다.

새벽이면 어김없이 들려오는 수탉 울음소리, 다시 한두 시간 잠들었다 싶으면 이번엔 참새의 짹짹 소리가 귓전을 울립니다. 날이 따스해지는 4월의 고개를 넘으니 먼동이 트기도 전에 소란스럽습니다. 이 녀석들 덕분에 알람이 필요 없어졌습니다.

봄에는 그렇다 치고 가을이면 좀 덜하려나 했는데 여전합니다. 달라진 건 가을의 중턱을 넘으니, 추위에 녀석들도 기상 시간이 좀 늦어집니다. 덩달아 필자도 아침이 늦어졌습니다. 어쨌든 여느 시골 어디서나 이 귀여운 녀석들을 만날 수 있으니 다행입니다.

하지만, 이 친구들이 등장하면 얘기가 좀 다릅니다. 아침을 먹고 있는데 창 너머 학교 운동장 저편에 떼로 등장한 녀석들입니다. 등나무와 느티나무를 오가며 "갹 갸-악 갹갹 ---" 집단으로 성토하듯 떠들썩합니다. 크기도 참새의 2.5배나 되어 그런지 우는 소리가 훨씬 크고 우악스럽습니다. 평소 섬진강을 거닐 때 많이 보았던 터라, 하천 근처에서나 볼 수 있는 새로 착각했습니다. 그런데 아니었습니다.

물까치 얘기입니다.

학교 주변이나 숲 기슭에서 떼로 몰려다니니 쉽게 발견됩니다. 앞에서 언급했듯이 물로 둘러싸인 구례에 사는 덕분입니다.

강둑 너머 논벼가 통통하게 여물어갑니다. 바야흐로 가을이 익어가는 10월 중순입니다. 서시천을 다시 찾았습니다. 이번엔 읍을 벗어나 발길을 상류 쪽으로 향합니다.

서시천 생활환경숲에서 멀지 않은 징검다리를 찾아갑니다. 며칠 전에 검은등할미새가 먹이 활동을 하던 곳입니다.

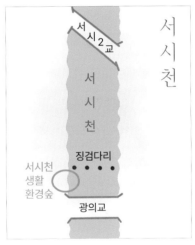

서시천 서시2교~광의교 구간

징검다리 아래로 물이 얕은 자갈밭이 있어, 저서생물을 잡아먹기 좋은 곳이거든요. 검은등할미새의 단골 장소이기도 합니다.

징검다리 못 미쳐 개천으로 내려가 자세를 낮추었습니다. 갈대 뒤에 몸을 숨기고 살금살금 다가갑니다. 어떤 새가 찾아들었을지 궁금하기 그지없습니다. 흔들리는 갈대 사이로 슬며시 고개를 듭니다.

아! 드디어 찾아왔네요!

겨울의 진객, 청둥오리 말입니다.

아니, 어쩌면 10월이 시작되기 2주 전에 왔을지도 모릅니다. 녀석들은 삼삼오오 어울리며 이따금 물속에 부리를 넣고 먹이활동을 합니다. 그 곁에서 흰뺨검둥오리가 물끄러미 쳐다봅니다. 청둥오리나 흰뺨검둥오리나 모두 같은 오리이니 아무 거리낌 없이 서로 잘 어울립니다. 지난겨울, 침실습지에서 몇 번을 찾아가 오래오래 녀석들의 자맥질과 먹이활동을 관찰했던 기억이 새롭습니다.

구례읍에는 조금 큰 야산이 있습니다. 봉성산입니다. 구례 사람들은 '봉산'이라 하죠. 서시천에 이어 봉산 역시 단골 산책 장소입니다. 숙소에서 가깝기도 하거니와, 둘레길이 잘 조성되어 있어 자주 찾습니다. 인적이 뜸하고 호젓하여 더욱 마음에 드는 숲길이죠.

군청 뒤 공용주차장 길을 따라 대숲에 이를 때면 어김없이 반기는 친구가 있습니다.

"호오오~혹"

메조소프라노의 주인공, 휘파

침실습지 상류에서 만난 휘파람새 온몸을 떨며 정성을 다해 운다.

람새입니다. 이름 그대로 휘파람을 부는 듯합니다. 그 맑고 청아함은 비할 데가 없지요. 어느 누가 들어도 금방 마음을 빼앗길 듯합니다. 휘파람 소리를 낼 때마다 온몸을 떨며 정성을 다해 웁니다. 지금은 숲이 울창하고 작은 새(참새 크기)여서 잘 볼 수 없습니다 (얼마 전, 침실습지 상류에서 휘파람새를 근접 촬영한 덕분에 우는 모습을 생생히 기억합니다).

맑디맑은 옥소리로 숲은 상쾌함을 더합니다. 이 천상의 소리를 못 잊어 봉산 발길이 잦아졌습니다.

꼭 산에 오르지 않아도 저녁 어스름해지면 읍내에 퍼지는 소리가 있습니다.

"구우 구우 구구".

멧비둘기의 울음이지요. 아직 짝을 찾지 못한 절실함인지 울음소리는 그칠 줄 모릅니다. 좀 음산한 느낌이 감돌긴 하지만, 간절함이 묻어납니다.

읍내를 오가는 차량도 잦아들고 어둠이 찾아옵니다. 밤이 깊어가면 머언 추억을 불러오듯 아련하고 애잔한 소리가 정적을 깹니다.

"뻐꾹 뻐꾹 뻐꾹 뻐꾹."

2박자 리듬을 타고 우는 주인공은 뻐꾸기입니다. 맑은 날, 별이 초롱초롱한 밤에 평상에 홀로 앉아 그 무한 반복음을 듣노라면, 어쩐지 처량하기도 하고 어머니 생각도 많이 납니다. 대학원 시절 프레젠테이션 준비로 밤이 깊어갈 때면, 도서관 뒷산에서 울려 퍼졌던 그 소리가 지금도 선명해집니다. 매주 과제가 쌓여 허덕일 때 마음을 달래주던 소리였죠. 그때 알았습니다. 청아한 소리를 가진 새 울음이 마음을 진정시켜주는 효과가 있다는 것을.

봉산의 가을은 어떨까요?

여전히 휘파람새가 반겨줄까요?

하지만, 휘파람새는 온데간데없습니다. 사실, 가을에 구례로 다시 돌아오면서 생각했습니다.

'이젠 새의 번식기도 아니고 추워지는 가을이니 산새를 보기 힘들겠구나.'

일부는 맞고 일부는 틀렸습니다. 멧비둘기, 까치, 까마귀, 그리고 물까치와 같이 비교적 덩치가 큰 녀석들은 여전히 활발했습니다. 대체로 잡식성이고 민가 주변에서도 잘 적응해서 그런지 10월 중순인 지금도 여기저기 눈에 띕니다.

둘레길을 서쪽으로 돌아들면 대숲 길이 나타납니다. 둘레길 코스 중 필자가 제일 좋아하는 구간입니다. 오늘도 평소처럼 잎새 사이로 새어드는 햇살을 즐기며 몸과 마음을 내려놓습니다. 사위는 고요하고 오가는 사람 하나 없으니 명상하기에 그만입니다.

산벚나무는 이미 앙상한 가지만을 드러내며 긴 겨울을 준비합니다. 덕분에 대숲 사이에 파란 하늘길이 열렸습니다. 주의를 기울이면 댓잎이 사운대는 소리가 바람 따라 간간이 들려옵니다. 지난해 떨어진 댓잎과 함께 낙엽이 수북한 숲길입니다. 낙엽 밟는 소리를 즐기며 몇 발자국 옮기는데, 정적을 깨는 소리가 울립니다.

"짹짹짹짹 짹짹짹짹"

또렷하면서도 울림이 큽니다. 소리는 대숲에서 들려옵니다. 고운 고음이 반복됩니다.

"갹갹 갹갹 갹갹 갹갹"

몇 발자국을 옮기자, 또 다른 소리가 들려옵니다. 이번엔 거친 중저음입니다. 굳이 비교하자면 까치 울음을 닮았습니다. 하지만 까치보다 더 탁한 소리입니다. 대숲이 울창하고 높은 곳에서 울리니, 어디인지 가늠이 어렵습니다.

가던 길을 멈추고 아예 길바닥에 주저앉았습니다. 조금 더 귀 기울여보니 사방에서 새 울음입니다. 두세 마리가 허공을 가로질러 날기도 합니다.

한참을 숨죽이고 있었습니다. 기다림의 시간입니다. 마침내 한 마리가 50m쯤 떨어진 산벚나무 가지에 앉았습니다. 새의 움직임을 포착하여 기민하게 카메라의 초점을 맞춥니다. 나무 둥치 뒤에 몸을 숨기고 몇 번의 시도 끝에야 겨우 앨범에 담았습니다.

(숙소로 돌아와 동정해 보니) 주인공은 다름 아닌 어치였습니다. 일명 '산까치'입니다. 가을에 먹이가 풍성하니 여기저기서 활동하나 봅니다. 어치는 도토리 열매나 곤충, 작은 새알, 심지어 개구리까지 잡아먹는다는군요. 높은 나무의 우듬치를 옮겨 다니며 먹이활동을 합니다. 낮은 곳으로는 좀처럼 내려오지 않으니 여간해서 눈에 띄지 않습니다. 울음소리도 사방에서 꽤 반복적으로 울리는데 맨눈으로 찾기조차 힘듭니다. 실제로, 몇 분의 구례 주민에게 확인한 결과, 아는 분이 없었습니다.

산벚나무 가지에 앉은 어치(산까치)
낮은 곳으로는 좀처럼 내려오지 않아 여간해서 눈에 띄지 않는다.

정말 신기했던 건 어치의 울음소리였습니다.

고운 고음과 거친 울음 모두가 어치의 울음임을 확인하고 놀랐습니다. 여러분은 이 두 소리가 모두 어치가 내는 소리라는 사실이 믿겨 지나요? 보고도 믿기지 않을 지경입니다.

"휘이—익 휘이—익"하며 휘파람 소리도 냅니다. 나중에야 알았는데, 길들어진 어치의 경우, 앵무새나 구관조처럼 사람의 목소리도 곧잘 흉내 낸다는군요. 생존하기 위해 목소리를 달리하는 영리한 새입니다.

몸길이는, 멧비둘기와 비슷한 중형 조류입니다. 가슴과 가까운 깃털 부위에, 흰색, 하늘색, 그리고 검은색이 반복되는 비늘 모양이 두드러집 니다.

다시 어치를 만나려고 며칠을 대숲 근처에서 배회했습니다.

그러던 어느 날, 구례고등학교 서편 산기슭, 숲을 향해 오르던 중 무언가 후루룩 날아와 산벚나무에 앉습니다. 얼른 카메라 줌을 당겨보니 연초록의 새입니다.

"뾱 뾱 뾱 뾱뾦옥 뾱 뾱 뾱 뾱뾦옥."

맑고 청아한 울음입니다. 마침 녀석의 시선은 서남쪽을 바라보고 필자는 동남쪽에서 오르니 아직 눈치를 채지 못한 모양입니다. 오늘도 어치를 만날 수 있으려나 산길을 오르다, 우연히 마주친 새. 청딱따구리입니다.

등이 연한 녹색이고 이마에 빨간색이 두드러진 것으로 보아 수컷입니다. 이 역시 비교적 흔한 텃새라는데, 어치처럼 처음 대합니다. 처음 대하긴 하지만 천연기념물이나 멸종위기종이라면 이렇게 눈에 잘 띄지 않겠지요. 어쨌든, 어치와 청딱따구리를 이 가을 봉산에서 대면하니 반갑기 그지없습니다.

산벚나무에 앉은 청딱따구리(수컷) 등이 약간 어두운 녹색이고 이마에 빨간색이 두드러진다.

　삼면이 강으로 둘러싸인 고장 구례, 그곳에 어찌 새만이 천국이겠습니까? 무릇 산은 무수한 생명을 품고 보금자리를 내주었습니다. 여기에 골골이 스며든 하천은 물의 세계에 사는 여러 생명으로 더욱 풍요롭지요.

　"갸갹 갸갹 갸갹 갸갹"

　서시천에서 날아온 물까치는 봉산 자락에서 힘찬 소리로 동료를 부릅니다.

　봉성산 자락 너머로 해가 뉘엿뉘엿 기웁니다. 산등성이로 발걸음을 옮기니, 소나무 숲으로 백로와 왜가리 떼가 모여듭니다. 주변 서시천에서 종일 먹이를 구하던 친구들입니다. 왜가리가 소나무의 상부를 차지하고, 백로는 그 아래 둥지에서 고단한 하루를 마무리합니다.

　안식을 위해 보금자리를 찾는 건, 만 생명의 이치입니다. 강에서, 하천에서, 혹은 저수지에서 최선을 다해 살았습니다. 그 노곤한 생명들을 봉산은 아낌없이 품습니다. 산하(山河)가 어우러진 고장, 구례가 따스합니다.

(2) 섬진강 대나무

섬진강 강변을 걷다 보면 유독 눈에 많이 띄는 나무가 있습니다. 대나무입니다. 대표적으로 섬진강 대나무숲(구례읍 원방리)이 떠오릅니다. 이곳이 아니더라도 강변 곳곳에서 크고 작은 대나무숲을 자주 만나게 됩니다. 이는 섬진강 강변이 대나무의 생육에 알맞은 환경을 갖추고 있음을 말합니다.

대나무는 토양에 수분이 많고 햇빛이 풍부하며, 적절한 온도와 습도를 갖춘 곳에서 잘 자랍니다. 섬진강 강변이 바로 그런 곳이죠. 거기에, 강변의 바람은 금상첨화입니다. 대나무 사이의 통풍을 원활하게 해줌으로써 서로 적절한 거리를 유지하며 자연스레 번식할 수 있었습니다.

섬진강 대나무 숲길 좌측에 섬진강이 흐른다.

대나무를 살펴보면 마디마다 골이 있습니다. 한 마디를 기준으로 볼 때 오른쪽에 골이 있으면, 그 아래 마디는 왼쪽, 다시 그 아래 마디는 오른쪽 …. 이렇게 마디마다 좌우 번갈아 가며 골이 있습니다. 이것이 보통 대나무 줄기의 모습입니다.

그런데 마디의 양쪽에 골이 있는 대나무, 즉 쌍골죽이 있습니다. 일종의 돌연변이입니다. 그만큼 눈에 잘 띄지 않는 희귀한 존재이기도 합니다.

쌍골죽은 속이 빈 일반 대나무와 달리, 속이 튼실하게 채워져 있습니다. 그뿐만 아니라 살이 두껍고 단단한 경우가 많습니다. 덕분에 쌍골죽은 대금의 재료로 귀한 대접을 받습니다.

2023년 10월 29일. 섬진강에서 쌍골죽을 채취하여 대금 재료로 공급하는 분이 있다기에 찾아가 보았습니다.

하동읍에 거주하는 송종찬 씨입니다. 그는 쌍골죽을 캐서, 대금을 만드는 장인에게 그 재료를 공급합니다. 전국 20여 곳에 대금 재료 공급망을 갖고 있습니다. 그의 말에 의하면, 섬진강의 대나무숲에 질이 좋은 쌍골죽이 나온다고 합니다. 야산의 기슭에서 성장하는 대나무와 비교하여 어떤 특성을 갖는지 알아보았습니다.

* 기술 방식은 필자(†)가 묻고 송종찬 씨(☦)가 답하는 인터뷰 형식입니다.

† 섬진강 대나무가 산기슭에서 성장하는 대나무와 어떤 점이 다른지요?

† 강가에서 나오는 대를 숫대라 하고, 산기슭에서 나오는 대를 암대라 합니다. 숫대는 단면이 둥글지요. 반면에 암대는 약간 납작합니다. 이것은 서식 환경의 차이인 듯싶습니다. 숫대는 평지에서, 암대는 비탈에서 자란 연유가 아닌가 싶습니다. 또한, 숫대가 암대보다 빨리 자랍니다. 이는 강가의 토양이 산기슭에 비해 비옥하기 때문으로 보입니다. 대나무는 뿌리 부위부터 이미 굵기가 결정되고 시간이 흐르면서 더욱 단단해집니다. 비옥한 토양에서 자란 강가의 대나무가 굵고 단단하며 반듯한 모양을 갖추고 자랍니다. 대금을 만드는 장인이 강가의 숫대를 최고로 선호하는 이유입니다.

쌍골죽 대금의 재료로 쓰인다.
[제공 : 송종찬]

✝ 섬진강 쌍골죽을 재배한 경험이 있으시다고 들었습니다.

✝ 쌍골죽을 캐서 겨울에 이식하여 키운 경험이 있습니다. 이식할 땐 2마디 이상 위를 자릅니다. 마르면 1년에 1마디가 없어지니까 3년째 2마디가 없어집니다. 그래서 2마디 위를 잘라 이식합니다. 마당에 100그루 정도 심었습니다. 잘 뻗고 죽순도 잘 나왔죠. 그런데 그해 여름, 차광 장치를 하지 않아서 위에 자른 부분에 마름 현상이 발생했습니다. 야생에서는 자연 차광 효과가 있습니다. 어린 대나무가 성장할 때 반음지에서 자란다는 사실을 간과한 것이죠. 이식의 90%는 모두 섬진강에서 가져왔습니다.

✝ 보성강을 따라 걷다 보니까 대숲이 많이 보였습니다. 특히 곡성군 죽곡면 (竹谷面)은 예부터 대밭이 많아 대나무 생산으로 유명하다 들었습니다.

✝ 대나무는 죽순이 나오는 시기에 따라 올죽과 왕대로 구분합니다. 올죽은 4월 하순에서 5월 하순 사이, 왕대는 5월 중순에서 6월 중순 사이입니다.

올죽이 왕대보다 죽순이 일찍 나오지만, 잘 찢어지는 흠이 있습니다. 보성강 대의 대부분은 올죽입니다. 우리가 찾는 종은 왕대입니다. 죽순이 늦게 나와 늦죽이라고도 하지요. 섬진강에서 주를 이루는 종입니다. 줄기가 매끈하고 곧게 자라며 탄력성이 좋습니다.

섬진강 대나무 숲길

1 생기 가득
안개 봄비 내리고
어스름한 오산[2]은
오늘 더욱 우뚝하지요?

당신을 맞느라,
강가에
하얀 벚꽃길을 열고
봄풀로 초록빛을
더했습니다.

섬진강 대나무 숲길
당신을 봅니다.

---

2) 구례 사성암이 있는 산.
대나무 숲길 맞은 편에 자리 잡고 있다.

2　혹여 잃을까
　길섶에 애기똥풀
　노랑꽃 피웠습니다.

　하마 잊을까
　강물도 소리 없이
　흘려보냅니다.

　그리움을 잇느라
　대나무숲 바람마저
　잠재웠지요.

　섬진강 대나무 숲길
　당신을 봅니다.

3　원앙도 청둥오리도
　시샘하느라
　오늘은 두꺼비다리
　아래로
　날아갔습니다.

　고운 임 재회에,
　노랑 개나리
　흐드러지고
　대숲은 팔을 벌려
　촘촘합니다.

　섬진강 대나무 숲길
　당신을 봅니다.

　오늘처럼 좋은 날에
　고운 임 당신을 봅니다.

2. 쫓비산 매화

쫓비산과 섬진강이 만나다

3월이면 섬진강은 매화 천지입니다. 강변에 흐드러진 매화를 보러 수천, 수만의 인파가 광양 매화마을로 모여듭니다. 매화는 어찌하여 섬진강을 따라 끝도 없이 수놓았을까요?

강변을 잘 살펴보면 답이 나옵니다. 갈미봉과 쫓비산에서 내려온 차가운 공기는 섬진강을 만나 아침 안개를 드리우고 습(濕)을 잡아줍니다. 높은 습도는 가뭄에 취약한 매화나무에 보약입니다. 여기에 온화한 기후와 적절한 햇빛이 더하여져 풍성한 매실을 낳습니다.

사각거리는 갈대 사이에서 하얗게 반짝이는 찔레

(1) 찔레 향에 취하다

하동과 광양을 잇는 남도대교를 건너 매화마을을 찾아갑니다. 도로의 명칭도 매화로입니다. 길 따라 매화가 끝없이 이어지죠. 3월이면 매화만큼이나 사람들로 북적이는 도로입니다.

아침 이슬을 지운 햇살은 무성한 대숲에서 어지럽게 흩어집니다. 햇살을 품은 강물은 유려한 초록 강이 되어 산굽이를 에워 흐릅니다. 숲도 강변도 강물도 햇빛으로 일어나고 서로를 비추어 온통 초록 세계입니다.

매화마을까지 사십 리.

자동차로 잠깐이면 닿을 거리입니다. 하지만 몇 번이고 가던 길을 멈추고, 또 서성입니다. 발걸음을 세운 건 꽃향기였습니다. 3월에 매화가 하얗게 산허리를 뒤덮어도, 4월에 십 리 벚꽃 터널을 지나도 멈추지 않은 섬진강 길이건만…… 정작 발을 붙든 장본인은 찔레 향이었습니다.

차량 하나 없는 텅 빈 도로.
초록 강변에 쏟아지는 햇빛.
댓잎을 타고 흘러온 향기.

형체도 없이 다가오는 향기에 이끌리어

가던 길을 멈추었습니다. 바람마저 쉬어가고 햇빛마저 하얗게 부서져 향기에 녹아버리는 순간. 그 누군들 돌아보지 않을까요!

매화는 산과 들에 가득하되 사람들로 향기가 흐트러지고, 벚꽃은 화려하되 거기까지입니다. 그렇게 3월과 4월이 아쉬운 것은 넘치는 인파로 자연이 묻히는 까닭입니다.

5월의 섬진강 매화로를 걸어보세요. 사람 물결이 지나간 자리에, 너와 내가 돌아가는 모퉁이에 아무렇게나 뭉텅뭉텅 핀 찔레꽃! 그들은 인간이 돌보지 않아서 오히려 신선합니다. 향기는 강렬하되 모습은 소박하지요. 고혹적인 향기를 품은 순백의 여인을 닮았습니다. 햇빛이 비치는 곳이면 어디든 마다하지 않고, 바닷가에서 강가에서 우리네 삶을 지켜낸 순백의 향기입니다.

초록 강을 굽어보며 일렁이는 대숲과 사각거리는 갈대 사이에서 하얗게 반짝이는 향기, 그가 찔레입니다!

5월의 섬진강 변을 걸어 보셨나요

5월의 섬진강 변을
걸어 보셨나요.

하얀 찔레꽃이
강변을 물들이고

물길 따라
그 향기 흐르는

5월의 섬진강 변을
걸어 보셨나요.

잔물결 사르르 일어
댓잎은 사운대고

대숲은 내 마음처럼
자꾸만 흔들리네요.

봄볕 물 향기
석 달을 가득 품어

초록 청매실
동글동글 영그는

5월의 섬진강 변을
그대는 걸어 보셨나요.

(2) 쫒비산 매화

오전 10시를 훌쩍 넘긴 시간. 쫒비산 기슭에 아침 햇살이 가득합니다. 휘파람새와 꾀꼬리는 풍성한 아침거리로 행복에 겨웠는지 마냥 즐겁습니다. 청매실농원 관계자의 안내를 받아 산허리를 돌아듭니다.

매화마을에서 바라본 섬진강

청매실농원의 어른, 홍쌍리 여사와 대면할 시간입니다. 80세의 고령에도 여전히 고운 모습입니다. 눈에 총기가 총총하고 온화한 미소를 띤 얼굴은 친근하면서도 기품이 넘칩니다.

만남의 서두는 젊은이에 대한 바람으로 시작됩니다. 농촌과 도시를 연결하는 창의적 인재에 대한 목마름. 그 안타까움으로 여사의 목소리에 힘이 실립니다. 여사가 들려주는 매화마을의 내력은 오늘날 매화 축제가 열리게 된 역사 그 자체입니다. 이윽고 밤나무를 매화나무로 바꾸어 심어 오늘날에 이르게 된 대목에 이릅니다. 여기에서 여사에게 여쭈었지요. 섬진마을엔 어찌 그리 매화가 잘되느냐고……. 그것은 섬진강 생태를 공부하는 필자에게 중요한 길목이었으니까요.

여사는 지난 57년간 매화나무를 심고 가꾸어 온 산 증인이자 역사입니다.

"안개 서방님 기다리는 매화 각시,
해가 뜨면 서방님은 사라지고
보석 같은 이슬은 눈물 되어 흐르지요."

선문답을 주고받듯 여사는 시를 한 수 읊습니다. 산비탈 아래 섬진강을 굽어보는 여사의 눈빛이 아슴아슴합니다.

여사가 다 일러주지 않았지만, 돌아와 공부해보니 공백이 메워졌습니다.

매화는 뿌리가 깊지 못합니다. 그런 만큼 가뭄에 취약하고 결실이 어려울 수 있지요. 쫓비산 기슭의 매화마을은 여기에서 진가가 발휘됩니다. 산기슭이 동쪽을 바라보고 있어 오후 3시 이후면 서서히 그늘이 지기 시작합니다. 종일 땡볕이 내리쬐는 남향이나 동남향보다 유리한 위치입니다. 무엇보다 산 아래 섬진강이 흐릅니다. 산기슭에서 하강한 서늘한 기운은 흩어지지 않고 머물며 따스한 공기를 만나 자주 안개를 만듭니다. 가뭄을 잘 견딜 뿐 아니라, 열매가 햇빛과 기온 차를 잘 견디며 깊은 맛을 낼 수 있는 천혜의 자연조건이지요.

주제 하나에 몰두하며 불쑥 찾아든 낯선 방문객에게 여사는 음유 시인처럼 답변을 대신한 겁니다. 평소 허리에 작은 수첩을 달고 작업 때마다 시상(詩想)이 떠오르면 메모를 즐긴다는 홍쌍리 여사! 신지식인다운 면모입니다. 여사는 오늘도 과수원의 김을 매며 자연과 대화합니다. 섬진강을 굽어보며 새들과 노래하는 여사에게서 겸허한 자연인의 모습을 배웁니다.

여사의 노래에 시 한 수로 화답합니다.

해후   1   애틋한 만남이건만
어찌 눈물이 서리나요?

해후는 순간이고
긴 이별인 까닭인가요?

말없이 찾아와
홀연히 사라지는 당신.

당신의 자리에
눈물이 이슬 되어 방울방울 맺힙니다.

2   오월의 쫓비산에 뻐꾸기 울어대면
밤처럼 까만 그리움에 애태웁니다.

강물을 타고 산허리를 넘어
살며시 깃든 당신

당신의 사랑은 그리움을 낳고
그리움은 쌓여 눈물이 되었죠.

눈물이 마른자리에
동글동글 초록 생명을 낳았습니다.

3. 지리산 야생차

지리산과 화개천 · 섬진강이 만나다

(1) 다선일체

산자락을 오르는 내내 꽃향기가 진합니다.

5월이면 시골길마다 이어지는 인동초 향기입니다.

섬진강 대로에서 영당마을을 지나 산비탈을 오릅니다. 몇 굽이를 지나니 드디어 차밭 길이 나타납니다. 그 위로 초록 매실이 목적지에 다다랐음을 알려줍니다. 지리산 남쪽 끝자락, 햇볕이 가득한 기슭에 둥지를 튼 지리산 상선암입니다.

마침 마당에서 반갑게 맞아주는 분이 계십니다. 보성스님입니다. 30년 전, 동안거를 끝내고 발길 가는 대로 걷다가 닿은 곳이 이곳 지리산 자락이었다지요.

"올라오는 산기슭에 향기가 가득합니다."

"이른 봄에 오시면 홍매와 백매가 만발하여 무릉도원이 따로 없지요. 주변의 산허리가 온통 매향이지요."

자연이 그윽하니 주고받는 인사에도 향기가 실립니다.

다실에 들어 스님이 녹차를 냅니다.

"이곳 상선암에서 수행 정진하며 정성스레 바치는 공양입니다."

스님이 직접 제다한 상선 녹차. 그 향과 맛이 더욱 궁금해집니다.

다실 남쪽에 낸 통창 밖 산수(山水)가 한눈에 들어옵니다. 매화 가지

상선암 녹차밭 홍·백 매화가 만발한 지리산 산기슭에 자리한 녹차밭이다. [제공 : 보성스님]

너머로 산들이 겹겹이 멀어지고 그 아래로 섬진강이 흐릅니다. 일전에 스님이 보내준 사진 풍경이 겹칩니다. 홍·백 매화가 만발한 녹차밭에서 스님이 주재하는 찻자리. 모두가 온화하고 행복해 보였습니다. 매향과 다향이 어우러진 그곳에 들면 심신이 안온해지나 봅니다.

미리 끓인 물에 정갈한 차를 넣으며 스님은 한 마디 더합니다.

"곡우와 입하 사이에 딴 세작차입니다. 세간의 우전차와 큰 차이가 없을 겁니다. 상선 녹차는 매화밭의 매화향을 머금고 자랍니다. 차의 향과 맛이 으뜸이지요."

스님의 녹차에 대한 깊은 자부심이 느껴집니다. 그래서인지 향기는 은근하면서도 혀끝에 닿는 맛이 순하고 부드럽습니다.

"일반인들은 차를 상품(商品)으로 만듭니다. 여기에서 차는 공양으로 올리는 수양의 한 방편이지요. 이 차는 100℃ 끓는 물을 부어도 전혀 쓰고 떫지 않습니다. 새벽에 공복에 드시면 속이 편안합니다."

'100℃ 끓는 물?' 그것도 '공복'이라니!

엊그제의 상식이 깨지는 순간입니다.

친구와 어느 평지의 다원을 방문했을 때, 다실에 붙은 알림 문구, '세작에는 70~80℃'와 혼동이 되었습니다.

그 후에 이어지는 스님의 말씀에 답이 있었습니다.

"지리산 기슭의 차나무는 잎의 발아 시기가 평지보다 늦습니다. 입하 전에 잎 딴 세작차도 세간의 우전차와 크게 다르지 않지요. 차의 맛이 부드럽고 향이 은은하지요"

보통 세작차는 물을 100℃로 끓여내면 카테킨이 많이 우러나와 쓰고 떫은 맛이 납니다. 그런데 스님의 상선 차는 100℃로 끓여내도 카테킨이 잘 조화되어 맛이 부드럽습니다.

물론 잎 따기의 장소와 시기뿐 아니라, 차나무의 재배 방법, 제다하는 이의 제다방식, 그리고 마음가짐 등 복합적인 요소가 얼마나 잘 조화되었 느냐에 따라 품질이 좌우되죠.

스님은 전통적 유기농법, 고산(高山)의 일교차, 섬진강의 습(濕), 그리 고 남향의 따스한 볕이 조화롭게 어우러진 기후 환경에서 지리산 야생차 를 키웁니다. 거기에 스님의 마음가짐과 공덕이 더해져 최고의 맛과 향을 자랑합니다.

　스님은 우전차 역시 끓는 물에 잠깐씩 우려 내주었습니다.

　그 은은한 맛과 향이 입에 닿을 듯 말 듯 보이지 않게 다가오니 그윽함의 깊이를 헤아릴 수가 없습니다. 더욱 신기한 건 10번을 우려 마셔도 그 맛과 향이 여전했습니다.

　순간, 맑디맑은 연록의 찻물에 스님의 다선일체(茶禪一體)가 응집됨을 봅니다. 온 정성을 다해 만든 차를 부처님께 공양하는 수행에 '다(茶)'와 '선(禪)'이 별개일 수 없지요.

　'우리 녹차를 접하는데 굳이 까다로운 조건과 형식을 달지 않아도 된다. 자연스럽고 편안한 자세로 그냥 즐기면 된다.'

　이것이 이번 지리산 야생차 여행을 통해 얻은 최고의 가치였습니다.

　천혜의 자연과 기후에서 맥을 이어온 지리산 야생차!

　그 맛과 향에 마음이 열립니다.

쌍계사 야생차 시배지

(2) 하동 야생차

　2022년 4월 21일. 곡우 다음날입니다. 화개천을 따라 거슬러 오르면 산기슭마다 차밭이 끝없이 이어집니다. 화개천의 십 리 벚꽃길과 함께 하동 야생차밭으로 잘 알려진 곳이죠. 화개장터에서 화개천을 따라 약 20여 리 들어가면 쌍계사 아래 차시배지길에 닿게 됩니다. 이곳에

자리한 혜림농원(대표 구해진)을 찾아 하동 야생차의 시원(始原)과 특징
을 알아보았습니다.

　* 기술 방식은 필자(†)가 묻고 구해진 대표(♯)가 답하는 인터뷰 형식입니다.

† 여기에 오기 전에 하동 쌍계사 차나무 시배지를 들렀습니다. 어떻게 이곳에 차나무를 재배하게 되었는지 궁금합니다.

╫ 『삼국사기』에 의하면, 신라 흥덕왕 3년(828년) 중국 당나라에서 사신으로 갔던 김대렴이 차나무 씨앗을 가져오자, 왕이 지리산의 남쪽, 지금의 쌍계사 차시배지에 심게 했다고 합니다. 쌍계사 장죽전은 우리나라에서 최초로 차가 재배된 곳으로, 천 년을 내려오면서 소중한 문화유산이 됐습니다.

✝ 화개천 하구에서 이곳 시배지까지 대략 20리 길(8km)을 걸어오면서 '참 많은 녹차밭이 있구나!' 느꼈습니다. 차나무가 이곳에서 잘 되는 비결이 있을 듯합니다.

✝ 아시다시피 화개면은 지리산 남쪽 자락에 있어서 햇볕이 잘 들고 기온이 온난하며 습도가 높습니다. 지리산의 산골바람이 화개천과 섬진강의 습기를 머금은 공기와 만나 산 중턱에는 자주 안개가 끼지요. 하천을 굽어보면서 배수가 잘되는 산기슭, 그곳이 화개입니다.

정금차밭(하동군 화개면)
산기슭이 온통 녹차밭이다.

✝ 아, 그렇군요. 아열대성 식물인 차나무가 왜 여기서 잘 자라는지 알겠습니다. 하동 야생차의 특징에 대해 말씀해주시겠습니까?

✝ 하동 야생차의 가장 큰 특징은 대부분 친환경 유기농법으로 재배된다는 점입니다. 풀을 베어 거름으로 삼으며 수분 증발을 막아 차의 뿌리를 튼튼하게 하죠. 또한 효소를 이용하여 미생물을 증식시켜 냉해에도 강한 야생차를 키워냅니다. 여기에 화개천 산기슭의 높은 습도, 큰 일교차, 물 빠짐이 좋은 마사토 등의 환경과 어우러져 야생차의 조건을 두루 갖추었습니다.

특히, 하동 야생차는 일일이 손으로 덖고 비비고 건조하는 전통 방식을 따릅니다. 이 모두가 하동 야생차의 맛과 향이 뛰어난 이유를 말해줍니다. 하동 야생차는 삼국시대부터 왕에게 진상되어 '왕의 녹차'라고도 불립니다. 그 명성과 품질을 세계적으로 인정 받아 2017년 세계중요농업유산으로 등재되었습니다.

✝ 듣고 보니 많은 분이 하동 야생차를 찾는 이유를 알겠습니다. 그런데 흔히들 하동 차를 '야생차'라고 하는데 어디까지가 야생인가요? 아까 말씀 중에 '친환경 유기농법으로 재배된다'라고 말씀하셨잖아요?

✝ 잘 지적하셨습니다. 엄밀히 말하면, 야생이 아니지요. '야생'이란 사람의 손을 빌지 않은 자연 그대로의 산물을 말하잖아요? 그러나 그렇게 해서는 수확량이 극히 적어 차의 대중화를 꾀하기가 어렵겠죠? 야생차 재배에 사람의 손이 가지 않을 수 없음을 말합니다. 우리가 '농업'이라고 하는 이유이지요. 원하는 양의 수확을 얻어야 하니까요.

하지만, 친환경 유기농법, 잎 따기, 제다 과정 등 모든 과정을 가능한 전통적인 방법을 사용하여 하동 야생차의 기본 맥을 이어가고 있지요.

† 오늘날 하동 야생차의 탄생은, 재래의 친환경 유기농법과 전통적 제다방식에 있었군요. 세계중요농업유산으로 지정된 이유이기도 하고요. 아까 오면서 보니까 찻잎을 따는 분들이 보이던데, 잎 따기의 적절한 시기가 궁금합니다.

‡ 보통 4월 20일 곡우를 전후하여 따서 만든 차를 우전차(雨前茶), 5월 5일 입하를 전후해 따서 만든 차를 세작차(細雀茶)라 합니다. 곡우가 지나고 5월이 넘으면 해의 고도가 높아지고 찻잎의 광합성작용이 강해져 차의 맛이 강하고 떫습니다. 우전차의 맛과 향은 순하고 은은하며 세작차는 약간 떫고 맛의 풍미가 더해지는 차이가 있지요.

† 어떤 분이 차를 만드느냐에 따라 맛과 향이 달라진다고 하는데 어떤가요? 제다(製茶) 과정에 특별한 비결이 있는 건가요?

‡ 하동에서 차를 만드는 곳만도 100곳이 넘습니다만, 모두 각기 다른 맛과 향을 갖습니다. 이는 차를 만드는 분의 마음가짐에서 비롯됩니다. 얼마나 집중하고 정성을 갖느냐가 중요하죠. 물론 차를 덖고 유념[3]하고 건조하는 과정의 차이는 말할 것도 없습니다.

---

3) 제다 과정 중 찻잎을 솥에 덖은 후, 찻잎을 손으로 비벼주는 과정을 말한다. 이는 잎의 조직을 파괴하여 차 고유의 성분이 잘 우러나도록 하기 위함이다.

✝ 예. 잘 알겠습니다. 그만큼 미묘하고 독특한 특성을 갖는군요. 이제 선생님께서 제다하신 차를 맛볼 차례이군요. 어떤 차를 준비하셨나요?

✝ 먼저 차의 종류를 말씀드릴게요. 일반적으로 발효의 정도에 따라 녹차, 백차, 황차, 청차, 홍차, 그리고 흑차 등으로 구분합니다. 녹차는 발효되지 않은 차이며, 백차는 약 발효(5~10%), 황차는 후발효(15~25%), 청차는 반발효(15~70%), 홍차는 완전 발효(80% 이상), 그리고 흑차는 퇴적 발효(80% 이상)된 차입니다.

각 차의 특성을 살펴보면, 녹차는 찻잎을 덖고 유념하여 건조해 만듭니다. 맛이 깔끔하고 그다지 떫지 않습니다. 카페인 함량이 높은 만큼 항산화제인 카테킨이 풍부하지요.

백차는 어린 새싹을 채취해 자연 건조해 만듭니다. 그러니까 덖고 유념하는 과정이 생략되었습니다. 가공 과정이 단순하면서, 맛과 향이 순하고 달콤합니다.

황차는 찻잎을 축축한 천으로 덮은 후에 증기로 쪄서 만듭니다. 약간의 산화가 일어나 노란색으로 변합니다. 맛과 향이 깊고 고소합니다. 카페인 함량은 낮습니다.

청차[우롱차]는 맛과 향이 부드럽고 고급스럽습니다. 카페인 함량은 중간 정도입니다. 반면에, 홍차는 맛이 진하고 향이 강하며, 카페인 함량이 높습니다.

한편, 미생물 발효 과정을 거쳐 만든 차가 흑차[보이차]입니다. 맛과 향이 강하고 톡 쏘는 느낌이 있으며, 카페인 함량은 낮습니다.

자, 이제 제가 제다한 차 맛을 음미해보시죠. 어제 따서 만든 차입니다. 우전과 세작의 중간 정도의 맛과 향을 즐길 수 있습니다.

† 음~. 순하고 향기롭네요.

╪ 예. 녹차의 특징이기도 하지요. 올해(2022년) 차가 예년보다 더 향이 좋습니다. 큰 일교차(20℃ 차)의 영향을 많이 받았습니다. 여기(화개천 일원)는 다른 지역보다 일교차가 훨씬 크거든요.

† 아! 제다하는 분에 따라 차의 맛과 향이 달라진다고 하셨잖아요? 그런데 해마다 그 기후 조건에 따라서도 달라지는군요. 구 선생님은 직접 만드신 차의 맛과 향에 만족하시나요?

╪ 해마다 설레는 마음으로 제다합니다. 기대보다 못할 때도 있고 때로는 정성만큼 좋은 결과가 나와 기쁘기도 합니다. 무엇보다 우리 차를 마시는 분들이 만족스러워하실 때 제일 행복합니다.

이번엔 홍차를 드셔보시지요.

† 아! 녹차에 비해서 맛이 풍부하고 강하네요.

╪ 홍차는 완전발효차입니다. 지금 느끼신 달콤하고 향기로운 홍차 특유의 맛은 제다 과정의 화학작용에서 비롯됩니다. 찻잎 속의 폴리페놀이 데아플라빈과 데아루비긴 성분으로 바뀌면서 홍차 특유의 맛을 내죠.

마지막으로 백차를 드셔보시지요. 백차란 덖지 않고 건조만 한 차입니다.

† 아니, 단지 건조만 시킨다고요? 그럼 차 만들기가 제일 쉽겠네요?

‡ 그 반대입니다. 제다 과정에서 건조만 한다는 것은 그만큼 건조에 민감하다는 말이죠. 어린잎이기에 더욱 그렇기도 합니다. 단조로운 멜로디를 가졌다고 연주하기 더 쉬운 것만은 아닙니다. 미묘한 세기의 차이로 인해 음색이 확 바뀔 수도 있잖아요?

마찬가지로, 보기에 단순한 과정만 있어 보이지만, 건조하는 방법에 따라 맛이 많이 달라집니다. 그만큼 만들기가 어렵다고 보면 됩니다.

† 그렇군요. 제가 섣불리 판단했습니다. 선생님의 건조 방식은 어떤가요?

‡ 저의 경우는 맑은 날 햇볕에 말립니다.

† 백차의 색은 녹차와 비슷하면서도 좀 연하군요. 덖지 않아 그런지 확실히 향이 다르군요. 향이 은은하고 맛이 참 순합니다. 홍차하고는 전혀 다른 맛이구요. 지금까지 녹차, 홍차, 그리고 백차를 맛보았는데, 각 차의 독특한 맛이 살아있으면서 향이 깊고 혀끝에 도는 맛에 여운이 남는 것 같아요. 구 선생님이 만드신 차의 맛과 향에 숨어 있는 노력을 알고 싶습니다.

‡ 앞에서도 말씀드렸습니다만, 차나무를 재배하고 제다하는 사람에 따라서 그 맛과 향이 모두 다릅니다. 저 같은 경우는 재배에 있어 관리 시기를 중요시합니다.

나무는 봄에 싹을 틔우잖아요? 그러나 뿌리에서 영양을 흡수하는 과정은 그보다 앞선 시기이겠죠? 즉, 늦가을에서 겨울을 지나 초봄에 이르기까지의 기간입니다. 이 시기를 어떻게 관리하느냐에 따라 첫물차[4]의 맛과 향이 살아난다는 것이 저의 지론입니다.

숲속의 미생물을 가져다가 풀과 해초 등으로 만든 효소에 배양합니다. 이 배양액을 늦가을에서 초봄 사이 차나무에 뿌려줍니다.

✝ 고품질의 차를 구현하기 위한 구 선생님의 노력과 정성이 얼마인지 짐작이 됩니다. 세상 이치가 그렇겠지만, 어느 하나 쉬운 것 없고 명품에는 그만한 고민과 애정이 깃든 결과임을 다시 한번 깨닫습니다.

✝ 공감해주시니 고맙습니다. 맑은 봄날이 오면 다시 한번 찾아오세요. 그땐 저의 숲속 찻자리로 모시겠습니다.

✝ 예. 기회가 닿으면 꼭 들르겠습니다. 바쁜 가운데 시간 내어주셔서 감사합니다.

---

4) 곡우 경에 수확한 찻잎으로 만든 차. 이른 봄 가장 처음에 나온 어린 찻잎으로 만드는데, 맛과 향에서 최고급으로 인정받는다.

강의 / 풍경

제 2 부

임실 섬진강 길!

강에 아무렇게나 놓여앉은 바위, 강물을 만나 생명을 싹틔운다.

바위 위, 혹은 곁에서 아슬아슬하게 뿌리 내린 갈부라움과 갯버들

주변에 크고 작은 물고기와 저서생물이 모여든다.

바위는 그렇게 천천히 쉼터가 된다.

흐르는 물과 바위로 시작한 상류의 풍경.

생명을 품어 진풍경으로 살아난다.

덕치면 언저리에 자리한 덕치초.

섬진강의 물소리와 회문산의 바람을 벗 삼아 아이들이 자란다.

휘도는 강길 따라 이어진 강변 마을, 물우 진메 전담,

그리고 구담마을. 마을마다 나지막한 산자슭에 안기었다.

옹색한 땅뙈기에 의지해 팍팍하게 살지만,

강마을 사람들은 강의 흐름을 닮았다.

찰랑거리되 정겹게 다가오고, 넘실거리되 위협적이지 않다.

1장
옥정호

1. 섬진강댐

　진안 데미샘에서 발원한 섬진강은 마령, 성수, 관촌, 신평을 거쳐 운암에 이르러 흐름을 멈춥니다. 섬진강댐에 막힌 탓이죠. 발원지에서 강물을 따라 약 80km 떨어진 지점입니다. 강물은 모이고 모여 거대한 옥정호를 만들었습니다. 정읍시 산내면에서 임실군 운암면에 이르기까지 무려 45km에 이릅니다.

　어렵게 수자원공사 직원의 허락을 받아 섬진강댐을 둘러보았습니다.
　댐의 상류 쪽 수면을 유심히 보면 부표가 보입니다. 일제 강점기(1928년)에 건설된 운암제(雲嚴堤)의 표식입니다. 다시 거기에서 2km 아래쪽으로 지금의 섬진강댐(1965년)이 만들어졌습니다. 홍수 조절뿐 아니라, 호남지방에 전력과 농업용수를 공급하기 위함이었죠.

섬진강댐
섬진강댐 아래 어도를 통해 소량의 물이 흘러나간다. 강은 바닥을 드러낸 지 오래여서 온통 풀숲이다.

댐 아래 어도를 통해 소량의 물이 흘러나가는 모습이 보입니다. 강은 바닥을 드러낸 지 오래여서 온통 풀숲이고 그 가운데로 개울처럼 물이 흐릅니다. 댐으로 섬진강 물줄기가 거의 막힌 겁니다. 댐으로 확보된 저수는 대부분 동진강으로 흘려보내기 때문이죠.

댐은 섬진강에 있으나, 강 유역의 사람들에겐 별로 혜택이 닿지 못합니다. 이렇다 보니 댐 하류의 주민들 불만이 클 수밖에 없습니다. 이의 해소를 위해 수자원공사는 2008년부터 섬진강댐 재개발사업을 진행하고 있습니다. 저수 능력을 높여 섬진강댐 범람 위기를 막고 하류에 물을 공급하고자 함입니다. 이것이 댐 하류의 주민들에게 얼마나 도움을 줄지 모르겠습니다.

산업화에 따른 개발로 우리는 얻은 만큼 잃은 것도 많았습니다. 인간이 자연에 역행할 때 돌아오는 부작용이 그리 만만치 않습니다. 개발이 부득이하다면 최소화하고, 인간과 자연이 공존하는 방법이 무엇인지 고민해야 합니다.

2. 옥정호

　1995년 옥정호 호숫가에 들어와 28년째 살고 있습니다. 옥정호는 풍광이
빼어나서 사시사철 많은 관광객이 찾아옵니다. 임실에서 정읍까지 이어지는
국도(30호선)와 지방도(749호선)는 환상의 드라이브 코스입니다.

　옥정호에선 잉어, 참붕어, 떡붕어, 메기, 새우, 그리고 외래종인 배스와
블루길이 잡힙니다. 배스는 옛날에 비해 덜 잡히나, 블루길은 지금도 매우
많습니다. 요즘은 새우가 많아져 생태계가 다시 좋아지고 있습니다. 야간에
손전등을 비추면 새우 눈의 발광체를 볼 수 있습니다. 양쪽 눈이 빨갛게 빛
납니다. 20년 전에 그런 모습은 볼 수 없었죠. 마치 금가루를 뿌려 놓은 듯

옥정호 '호수 호(湖)'를 썼으니 당연히 호수라 여기겠지만, 산자락을 따라 물의 흐름이 계속 이어지니 강에 가깝다.

아름답습니다. 10여 년 전부터 자체 회복이 되지 않나 싶습니다. 그때부터 토종 참붕어도 많이 잡히거든요.

현재 토종과 외래어종이 균형을 이루고 있습니다. 이는 생태계가 안정적으로 자리 잡아 가고 있음을 보여줍니다. 옥정호에선 수달, 고라니 등도 심심치 않게 목격합니다. 가끔 반딧불이를 만나기도 합니다. 반딧불이의 먹이는 다슬기입니다. 다슬기를 지나치게 포획하지 않았으면 좋겠습니다. 옥정호의 생태계가 잘 유지되도록 공동의 노력을 기울여야 할 때입니다.

_김남식(옥정호 수변 거주민) 씨의 인터뷰 내용(2023.6.12.) 중에서

옥정호는 강일까요? 아니면 호수일까요?

'호수 호(湖)'를 썼으니 당연히 호수라 여기겠지요? 하지만, 수변 도로를 걷다 보면 끝없이 이어지는 물줄기를 보면서 생각이 바뀝니다. 호수라기보다는 강으로 보이니까요. 실제로, 물의 흐름이 계속 이어지니 강에 가깝습니다. 결국 옥정호도 섬진강 일부임을 말해줍니다.

군이 여기에서 강과 호수를 애써 구분하려는 건 아닙니다.

산내에서 운암까지 상하 45km 구간에 분명한 흐름이 존재한다는 사실이 중요합니다. 강의 흐름은 주변의 수많은 지천을 받아들임을 의미합니다. 옥정호는 조원천, 옥녀동천, 그리고 추령천과 같은 지천을 받아들이며 흐릅니다.

이 흐름이 은어와 같은 회유성 물고기에게 중요합니다.

여기에서 여러분은 의아하지요? 어마어마한 섬진강댐이 막혀 있는데 웬 은어냐고요.

사실은 이렇습니다. 한국수자원공사는 2001년 10월 옥정호에 은어 수정란 100만 입을 방류하였습니다. 이후 더 이상의 은어 방류는 이루어지지 않았지만, 옥정호에서 은어가 다수 서식하는 것이 관찰되었습니다.

옥정호의 은어는 11월부터 이듬해 3월까지는 호수에서 서식하고, 이후 4월부터 하천으로 소상[5]한다. 4월부터 8월까지 유입 하천인 조원천, 옥녀동천, 추령천 등으로 소상하여 성장한다. 9월이 되면 하천 하류로 내려와 9월 중순부터 10월 중순에 걸쳐 산란한다. 부화한 치어는 호수로 내려가 11월부터 3월까지 월동하며 성장하고 다시 4월부터 소상한다. 따라서 옥정호에 서식하는 은어는 생활사가 정상적으로 이루어져 육봉화(land-locked)되었다고 판단된다.

출처 : 고명훈 외 3명, 「옥정호 육봉형 은어의 서식 분포와 생태」, 한국어류학회지, 2007.

호수에 은어가 산다는 사실도 새롭지만, 강이 댐에 가로막혀 있는 상황에서도 은어는 호수와 상류의 하천을 오가며 회유(回遊)한다는 대목에서 생명의 적응력에 놀라움을 금치 못합니다.

인간은 강의 흐름을 막아 생명의 흐름을 차단하였지만, 생명의 DNA는 원시(原始)의 모천성 회유를 기억합니다. 옥정호 안에서도 호수와 하천이 소통하며 생명을 살리는 자연의 복원력이 더 이상 손상되지 않았으면 좋겠습니다.

---

5) 소상(遡上) : 강이나 내의 상류로 거슬러 올라감.

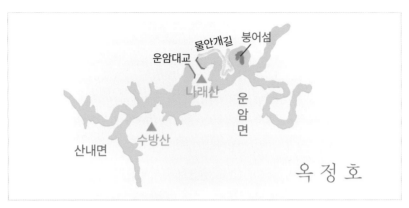

옥정호 정읍시 산내면에서 임실군 운암면까지 45km에 이른다.

　운정리에서 하루를 묵었습니다. 숙소 아래 호수가 시원하게 펼쳐지고, 그 건너로 산들이 겹치며 희뿌옇게 멀어져 갑니다.

　수방산 산자락이 이쪽 호수로 끊어질 듯 목을 빼듯 길게 뻗었습니다. 학의 긴 목과 머리 형상을 닮았습니다. 최근 가뭄이 계속된 탓으로 벌겋게 드러났습니다.

　운암교 부근 운종리 방면의 나래산에도 낮게 구름이 드리워져 있습니다. 그러고 보니 옥정호 주변의 지명이 온통 '운-'자가 들어갑니다. '운암면, 운정리, 운종리, 용운리, 청운리 …' 강가이고 호수 주변이니 유달리 구름이 많은 까닭입니다.

　서울에서 옥정호로 오다 보면, 운암대교를 건너 749번 지방도로를 만납니다. 국사봉 방면으로 가는 이 지방도는 아름다운 호수 풍광을 즐길 수 있어 인기가 많지요. 옥정호를 방문하면, 너나 할 것 없이 팔각정에 오르거나 국사봉 전망대에 오릅니다. 호수 가운데 펼쳐진 일명 붕어섬을 보기 위해서이죠.

시간이 더 허락한다면, 이 지방도와 나란히 이어진 '물안개길'을 걸어보길 권합니다. 도로의 아래쪽 호숫가를 따라 걸을 수 있도록 조성되었습니다. 평소 사람들이 많이 이용하지 않아 호젓하고 호수의 낭만을 맘껏 즐길 수 있지요.

여름 초입에 물안개 길에 섰습니다.

만물은 왕성한 여름을 앞두고 싱싱한 생기로 가득합니다. 흐드러진 개망초 꽃 무리가 우리의 발걸음을 가볍게 해줍니다. 달맞이꽃, 줄딸기, 산딸기, 뱀딸기, 금창초, 애기메꽃, 노루발, 무늬비비추, 엉겅퀴, 참나리 ……. 무수한 풀꽃들이 키재기를 하며 하루가 다르게 커갑니다.

호숫가 오솔길을 걷노라면, 휘파람새, 꾀꼬리, 참새, 멧비둘기를 비롯한 온갖 새들의 지저귐이 한창입니다. 지금은 막 태어난 새끼들을 키우느라 어미가 분주할 때입니다. 아직 짝을 찾지 못한 녀석들도 여기저기에서 애타게 목소리를 높입니다.

한 사람이 겨우 지나갈 수 있는 오솔길을 걷다 보면, 휴식을 취하던 귀뚜라미가 서둘러 몸을 감추기도 하고, 산란을 준비하느라 개구리가 펄쩍펄쩍 길을 가로질러 사라집니다.

물안개 길은 울창하고 다양한 숲을 품습니다. 졸참나무 숲에 들었다 싶을 때 산기슭을 돌아들면, 황금조팝 길에 접어듭니다. 다시 모퉁이를 돌아 산비탈을 오르면 어느새 대숲으로 접어들고, 또 그렇게 소나무 숲에 이릅니다.

물안개 길은 산비탈을 오르내리며 굽이굽이 돌아듭니다. 발이 무거워지고 걸음이 더뎌질 즈음에 쉼터가 나타납니다. 이정표가 가리키는 계단을 따라 '운암정'에 오르면 탁 트인 전망으로 호수가 한눈에 보입니다. 호수의 넉넉한 품에 안기듯 몸과 마음을 내려놓습니다.

다시 몇 굽이 돌고 깔딱고개를 숨차게 넘어 산허리를 돌아들면 생태숲 쉼터에 이릅니다. 산기슭 사이의 골 끝에 폭 안기듯이 정자가 놓여 있습니다. 골에서 시작하는 호수 물길, 새 소리, 그리고 바람 소리를 즐기며 땀을 식힙니다.

옥정호 아침 풍경 호수에 드리웠던 안개가 사라지면서, 잔잔한 호수에 또 하나의 선경(仙境)이 펼쳐진다.

여름의 기억을 뒤로 하고, 가을을 맞아 다시 물안개 길을 찾았습니다.

인적 하나 없는 고요한 새벽입니다. 10℃ 밑으로 내려가는 이른 아침엔 물안개가 짙게 깔립니다. 큰 일교차로 빠져나가지 못한 운무가 호수와 산기슭을 맴돕니다. 운무는 정지된 듯 아닌 듯 아주 서서히 꿈틀거리며 신비감을 더합니다. 보는 이마저 자기도 모르게 안개에 실려 어디론가 끝없이 떠나갈 것 같습니다. 호수 따라 산줄기 따라 피안의 세계에 안길 듯합니다.

이윽고, 희뿌연 하늘에 여명이 밝아옵니다. 산줄기에 닿을 듯 낮게 드리워진 뭉게구름 사이로 광휘(光輝)가 퍼집니다. 삽시간입니다. 구름 가장자리에 부서지는 찬란한 광채에 잠시 정신이 팔린 사이, 호수에 드리웠던 안개가 사라집니다. 순간, 잔잔한 수면에 또 하나의 선경(仙境)이 펼쳐집니다. 붉은 기운을 휘감은 나래산이 호수에 자신을 풀었습니다. 그도 순간의 황홀을 이기지 못한 탓일까요? 자신에 빠진 나르시스를 닮았습니다. 옥정호의 넓은 품이 그리는 파노라마는 끝이 없는 듯합니다.

가을의 향기를 즐기며 물안개 길을 걷습니다.

하양 구절초, 진분홍 물봉선, 노랑 눈괴불주머니, 하양 참취, 연보라 쑥부쟁이, 분홍 이질풀 ……. 오솔길 모퉁이를 돌아들면 반겨주는 들꽃입니다. 가을의 상징처럼 다가오지요. 아직 봉오리가 맺혀 있지만, 곧 산국도 피어날 겁니다. 호숫길에 산국 향을 흩날릴 때면 가을의 추억으로 걸음은 더욱 더뎌지겠지요?

이끼의 길 옥정호 물안개 길은 자주 안개가 끼어 습하다. 덕분에 오솔길은 온통 이끼로 덮여있다.

물안개 길은 산과 호수가 맞닿아 적당한 습도와 알맞은 숲 그늘을 만듭니다. 덕분에 오솔길은 온통 이끼로 덮여있죠. 이름하여 '이끼의 길'이 이어집니다. 영하의 겨울을 제외하면, 호수의 오솔길은 내내 초록 비단길입니다. 이끼는 대기의 오염을 정화하고 적절한 습도를 유지해줍니다. 지나는 나그네는 깨끗한 산소를 호흡하며 마음을 닦습니다.

이끼가 덮인 길에 정다운 길동무가 있습니다. 무엇일까요?

여뀌입니다. 빨간 좁쌀 알갱이가 다닥다닥 붙은 꽃대가 앙증맞습니다. 이끼보다 흔할 정도로 길바닥에 피어난 탓에 오히려 그냥 지나칠지 모르겠습니다. 습하고 그늘진 호숫가, 냇가, 논두렁, 산기슭 등 어디서나 아무렇게나 피어나는 풀꽃, 여뀌. 산소를 내어 흙을 기름지게 하고 깨끗한 공기를 선사합니다. 10월 중순에 이르면 바~알갛게 가을을 타는 여뀌. 사랑스러운 그에게 사랑의 눈길을 주어보세요. 어느새 당신도 사랑스럽습니다.

　호수는 산을 품어 안개를 낳았습니다. 안개는 산기슭과 골짜기마다 생명을 불어넣습니다. 이끼와 여뀌, 그리고 온갖 생명이 호수의 품에 안기어 자랍니다. 눈부신 가을입니다.

여뀌의 길
옥정호 호숫가에 가득 핀 여뀌. 흙을
기름지게 하고 깨끗한 공기를 선사한다.

2장
임실 섬진강 길

1. 상류의 풍경

　섬진강댐의 아래는 다시 줄줄거리는 시냇물입니다. 옥정호에 몸을 풀고, 섬진강의 새로운 흐름을 이어가는 곳. 전북 임실군 강진면입니다. 물이 흐르는 방향으로 좌로는 필봉산, 우로는 용두봉 사이를 흐릅니다. 그 사이사이 작고 큰 내를 받아들이며 다시 몸을 만듭니다. 이윽고 덕치면에 이르러 거대한 회문산을 만나며 이를 감싸고 휘돌며 강산과 마을의 조화가 어떠한지를 보여줍니다. 그 어우러짐이 물우마을에서 진메마을, 천담마을, 그리고 구담마을로 이어집니다.

　아침 햇살이 물에 오르기 전, 새들의 지저귐 속에 찔레향 그윽한 강가에 섰습니다. 잔잔한 수면 위 크고 작은 바위는 수천 년 세월을 그렇게 웅크리고 있었겠지요. 때로는 자신을 뉘여 흐름에 순응하고 때로는 일어서

섬진강 상류 풍경 흐르는 강물에 점점이 드러난 바위는 달뿌리풀과 갯버들의 터전이고 물고기의 쉼터가 된다.

휘돌아가게 합니다. 밤낮이 무수히 흘러 씨앗이 흩날렸습니다. 바위틈 사이에 혹은 바위 위에 쌓인 흙과 모래에서 새 생명이 움틉니다. 사방이 물살인 곳이지만, 바위를 지지대 삼아 혹은 터전 삼아 달뿌리풀과 어린 갯버들이 자랍니다. 물아래선 유기물과 수초를 먹는 다슬기와 물고기, 그리고 온갖 수서곤충이 의지해 삽니다. 바위는 수백 리 달려온 물살을 묵묵히 받아내며 새 생명을 보듬고 키워온 한편의 서사입니다.

여러분이 섬진강 상류를 걷고 있다면 잠시 멈추어 생명의 소리를 들어 보세요. 바위를 만날 때마다 물이 부딪고 넘쳐 떨어지고 휘돌아 나가며 퍼지는 생명의 소리 말입니다. 바위가 만들어내는 물의 활력으로 온갖 생명은 꿈틀거리며 성장합니다. 강 바위는 섬진강의 주연만큼 소중한 조연입니다.

천담마을에서 구담마을로 가는 강변 푸르름을 더하는 왕버들과 소나무가 어울려 강물에 몸을 푼다.

　섬진강 상류가 돋보이는 건 이들만이 아닙니다. 푸릇한 싱싱함으로 하루가 다르게 커가는 달뿌리풀[갈대와 억새 포함]은 섬진강 상류의 또 하나의 상징입니다. 크고 작은 바위와 달뿌리풀은 어우러져 먼 길을 찾아온 강물을 맞습니다. 바위 사이에서 혹은 강가에서 무리 지어 강물을 순환시키고 생명을 불어넣습니다. 수풀과 바위 사이사이에 골을 만들어 물고기와 저서생물의 쉼터와 은신처가 되어줍니다. 인간이 흘린 오염도 씻어줍니다. 강물과 생명력을 주고받으며 상류의 풍광을 연출하는 달뿌리풀, 갈대, 그리고 억새입니다.

　천담마을에서 구담마을로 가는 강변을 거닐어보세요. 4월이면 만발한 노란 버들개지와 푸르름을 더하는 소나무가 어울려 강물에 흐드러지게 몸을 풉니다. 소나무에 노란 꽃이 피어난 건지 푸른 초원에 영춘화가 가득 어른거리는지 경계가 없습니다. 거기에 크고 작은 바위가 화룡점정을 더합니다.

강물은 강물대로 몸을 맡깁니다. 바위를 만나면 돌아갈 줄 알고 달뿌리풀을 만나면 가만히 흔들어 인사합니다. 날이 밝으면 피어오르는 안개로 산기슭 뭇 생명의 갈증을 달래줍니다.

강물과 온갖 조연들 : 바위, 자갈, 달뿌리풀, 갈대 ······.

그들이 얽히고설키고 치고받으며 물은 뛰어넘기도 하고 뒤엎어지다 쉬어갑니다. 그 사이사이에 생명이 깃들고 자랍니다. 어우러져 기대어 사는 상류의 풍경입니다.

2. 덕치초에서

고요함 속, 봄 햇살이 운동장에 가득합니다.

운동장 가에 줄지어 있는 벚나무가 바로 아래 섬진강을 굽어보고 있습니다. 수백 년의 풍상을 말해주듯 거뭇거뭇한 나무껍질은 이리저리 터지고 벗겨졌습니다.

교사(校舍)는 회문산 자락에 안기듯 자리 잡았습니다. 색색으로 말끔하게 단장하여 나무들과 참 대조적입니다. 운동장을 가운데 두고 벚나무와 마주하여 백 년 가까운 세월을 두런거리며 삽니다. 강물이 흘러오고 또 흘러감을 때로는 흐뭇해하며 때로는 마음 아파했죠. 그렇게 어제를 흘려보내고 오늘을 맞았습니다.

평일 점심 무렵이건만 아이들은 보이지 않습니다. 아니, 눈여겨보면 두 명의 아이들이 운동장 가에서 시소를 즐기고 있습니다. 다가가 몇 마디 얘기를 나누어봅니다.

"몇 학년이니?"

"6학년이요."

"전교생이 몇 명이야?"

"10명이요."

묻는 말에 짧게 대답하는 아이들…. 표정이 예상 밖으로 무덤덤합니다. 집단으로 어울리는 기회가 부족한 탓인지도 모르겠습니다. 그렇지만, 전교생이 불과 10명이니 귀한 대접을 받는 아이들입니다.

다음 말을 잇기가 멋쩍어 허공을 바라봅니다. 대화의 여백을 벗나무 가지들이 채워줍니다. 제 마음대로 이리 뻗고 저리 휜 굵고 가는 가지들. 그들이 이 친구들 머리 위를 드리워주지 않았더라면, 아이들의 적적함을 염려할 뻔했습니다. 먼 훗날 이 친구들이 성장하면 넉넉하게 품어주었던 벗나무를 떠올리지 않을까요? 넓은 아빠의 어깨처럼 버티고 서 있는 둥 치 덕분에, 거기에 기대어서 꿈을 키웠노라고 말입니다. 아이들의 시소 둘레엔 파란 큰개불알풀꽃이 따스한 봄 햇볕을 만끽합니다. 그 가운데 노란 민들레꽃이 살짝 고개를 내밀었습니다. 도시에선 구경 못 할 정경 이죠?

다행인지 불행인지 이곳 덕치지구의 산자락 마을 대부분은 20~30 여 가구 단위에 머물러 있습니다. 진메, 천담, 그리고 구담마을이 그렇 습니다. 한창때에 150여 가구이던 물우마을도 이젠 반으로 줄었습니다.

덕치초의 아이들 6학년에 이 두 학생이 전부다. 운동장 너머로 섬진강이 흐른다.

그나마 대부분 70~80대 고령의 노인들입니다. 지방 정부의 지원이 이어지지만, 폐가는 속출합니다. 아이의 울음소리가 그친지 벌써 20~30여 년이 흘렀습니다. 섬진강 산간마을에 젊은이가 들어설 여지가 정말 없는 것일까요?

"한때의 보여주기식 시범학교나 이벤트로 학생들을 끌어들이는 건 무립니다. 마을의 지속 가능한 사업이 무엇인지를 찾는 것이 근본입니다."

천담마을에서 만난 신일섭 이장의 진심 어린 답변입니다. 농촌과 도시의 교육 생태계를 잇는 지속 가능한 사업이 무엇인지 진지하게 고민하고 접근해야 한다는 충언입니다.

요즘, 전라남도 곡성에 들르면 미실란을 방문하곤 합니다. 대하소설 『불멸의 이순신』을 쓴 김탁환 작가와 농부 과학자인 이동현 박사가 운영하는 일종의 생태 공동체입니다. 직접 농사지은 유기농 작물로 운영하는 식당, '飯(반)하다', 유기농 곡물과 차를 파는 카페, 생태 관련 책들을 망라하여 김 작가가 일일이 추천의 글을 올린 생태책방 '들녘의 마음', 그리고 도시와 농촌을 잇는 문화의 장, 책 이야기 마당과 전시, 음악 연주회까지 다양합니다. 최근엔 젊은이 몇 명이 찾아와서 공동체에 참여하고 있습니다(2022년 현재). 농업과 서비스업이 어우러진 가운데 전시와 공연을 곁들여 도시와 농촌을 잇는 대표적인 사례입니다. 미실란 생태 공동체는 한 번 방문한 사람도 소홀히 하지 않습니다. 이메일을 통해 지속해서 세상 사람들과 소통하고 알리고 끌어들입니다. 생태는 유기체이고 유기체가 움직이려면 생명력이 있어야 합니다. 공통의 관심사를 갖고 끊임없이 고민하고 접근하려는 노력이 필요함을 '미실란'은 보여주고 있습니다.

농촌의 생태계가 살아나는데, 한 마을 자체의 노력만으론 한계가 있음을 엿볼 수 있는 대목입니다. 마을공동체에 활력을 불어넣어 줄 아웃소싱도 필요하다는 말이죠. 문화와 예술, 그리고 서비스 분야의 전문가가 찾아들 방안이 무엇인지 깊이 고민해봐야 합니다. 물론 김탁환 작가와 이동현 농부 과학자처럼 자발적으로 찾아와준다면 더없이 좋겠지만……

중앙 정부와 지자체, 그리고 도농을 이어줄 수 있는 이들이 함께 나서야 합니다. 그 지역의 생태와 문화, 서비스를 유기적으로 연결할 복합적이고 다원적인 지원이 필요합니다.

덕치초의 텅 빈 운동장에 아이들이 모여들도록 어른들이 지혜를 모아야 할 때입니다. 운동장 가득 아이들의 웃음소리가 넘쳐나, 저 아래 흐르는 섬진강 물도 신나게 출렁거리는 날을 보고 싶습니다.

3. 강변마을 사람들

나지막한 산자락에 옹기종기 들어앉은 물우마을이 참 평화롭습니다.

우로는 회문산, 좌로는 성미산이 눈앞에 우뚝 섰습니다. 회문산을 막 휘돌아 마을 앞으로 흘러온 강물은 멀찌감치 성미산을 바라보며 진메마을로 흐릅니다.

물우교에 다다랐을 때, 마침 공공근로를 마치고 마을로 돌아가는 할머니들이 보입니다. 일부는 지팡이를 짚고 일부는 전동 휠체어를 타고 귀가 중입니다. 한 눈에도 70대 중반은 훌쩍 넘긴 분들입니다. 그분들을 따라 마을 구경을 합니다.

섬진강 상류 강변마을 임실군 덕치면의 강변을 따라 물우, 진메, 천담, 그리고 구담마을이 있다.

좁은 골목 사이사이마다 돌담이 야트막하게 정겹습니다. 지의류와 이끼가 피고 스러지기를 반복한 탓인지 돌담마다 희뿌연 바탕에 거무스름한 반점이 얼룩졌습니다. 그 위로 담쟁이덩굴이 얽혀 오후의 햇살을 즐깁니다.

지금은 사용하지 않은 우물은 켜켜이 이끼가 끼어 지난 세월을 말해줍니다. 그 좁은 우물가에도 젊은 아낙들은 옹기종기 모여 앉아 자식 얘기며 밭일 품앗이며 두런거렸겠죠? 오늘도 우물은 여전히 검은 입을 둥글게 벌리고 지나가는 할머니들에게 이렇게 소리치는 듯합니다.

"하! 그 젊은 형색은 어디 두고 지팡이를 짚어도 쓰러질 판이여!"

할머니들은 들은 듯 만 듯 표정 없이 거북이걸음을 합니다. 그나마 상당수의 노인은 유명을 달리한 지 오래입니다. 그저 빈 집을 오랜 친구의 눈으로 한 번 쓰다듬고 지나칠 뿐이지요.

골목길을 지나 언덕에 오르면 구릉마다 밭을 일구었습니다. 고추, 배추, 파, 들깨, 열무, 땅콩, 고구마 ……. 밭의 둔덕엔 호박 덩굴이 잡풀과 얽힌 가운데 누런 호박덩이가 가을을 탑니다. 평생을 일궈온 탓에 힘에 부쳐도 땅뙈기 하나 놀려두지 못하는 천성이 곳곳에 배었습니다.

마을을 돌아 내려오는 길에 강낭콩으로 뒤덮인 담장을 막 지나치려는 순간입니다. 콩잎에 앉았던 수십 마리의 나비가 삽시간에 흩어집니다. 황갈색의 네발나비 무리입니다. 한적한 농가의 담장은 네발나비의 천국입니다.

마을을 돌아다니는 내내 사람을 만나볼 수가 없습니다. 처음엔 낯설었지만, 그것도 잠시였습니다. 한창 바쁜 농번기도 아니거니와, 젊은이처럼 이곳저곳을 다닐 일도 별로 없는 분들이지요. 그나마 애기를 나누고픈 분들은 마을회관에 계실 겁니다.

골목 모퉁이를 돌아 내려오는데 어디선가 "딱딱~" 소리가 들립니다. 근처 비닐하우스에서 들리는 소리입니다.

"할머니, 무엇하세요?"

"잉, 호박을 썰어 말리고 있제. 말려서 자식덜 나눠주려구"

할머니 옆 돗자리엔 진즉에 땅콩과 빨간 고추가 널려 있습니다. 모두 도회지로 떠난 자식들 몫입니다.

우리의 할머니들은 곧추서지 못하는 불편함을 마다않고 끊임없이 몸을 놀립니다. 심고, 키우고, 거두어 말리느라 한 해가 갔습니다. 어쩌다 내려온 자식들 손에 비닐 한 봉지씩 들려 보냅니다.

"삶아서 무쳐 먹거라."

"아니, 뭐하러 이런 고생을 해요. 마트에서 몇 천 원이면 사 먹을 수 있는데."

자식은 어머니 걱정을 그렇게 합니다. 그러면 할머니는 웃음 띤 얼굴로 아들 손을 꼭 잡으며 말끝을 흐립니다.

"바쁜데 어여 가…"

오후가 되어 진메마을을 들렀습니다. 물우마을에서 십 리 떨어졌죠. 나지막한 야산이 강과 평행하게 이어지고 그사이에 마을이 들어앉았습니다. 산이 길게 이어진다고 하여 이곳 사람들은 '지-인 메[긴 뫼]', 즉 장산[長山]이라 부릅니다.

마을 입구에 다다르면, 몇백 년은 족히 되었을 당산나무 두 그루가 길손을 맞아줍니다. 탁 트인 공간에서 거칠 것 없이 자란 덕분에, 느티나무 특유의 둥글고 풍성한 모습을 갖췄습니다. 이미 한국인의 가슴 깊숙이 자리 잡은 서정성입니다. 우리네 어머니의 푸근한 품이 연상됩니다. 그래서 그런지 이곳을 방문할 때면 나무 그늘에서 오랜 시간을 보냅니다.

섬진강에서 바라본 진메마을 풍경 강과 야트막한 산 사이에 마을이 이어져 있다.

그럴 때면 바로 옆 억새 핀 강변이 마음 동무를 하지요. 뭉글뭉글 어릴 적 정경을 살려냅니다. 징검다리며 너럭바위며 억새밭이며 물고기들……. 그들이 강과 마음을 연신 들락거리며 이야기를 풀어냅니다. 그 기억은 이미 진메마을만의 추억이 아닙니다. 이 땅 삼천리 산천(山川)에서 자란 아이들의 가슴에 들어앉은 고향입니다. 그 기억의 저편을 한참 유영하다 돌아오면 아른아른 다가오는 얼굴, 어머니입니다. 그 이름 석 자만으로도 고향은 사무치고 흙과 강물은 눈물져 흐릅니다.

진메마을의 어느 분이 흙을 일구다 이렇게 노래했다지요.

> 월곡양반 월곡댁
> 손발톱 속에 낀 흙
> 마당에 뿌려져
> 일곱 자식 밟고 살았네.

가슴이 따스한 시인, 김도수 씨의 얘기입니다. 사무치는 어버이의 정을 누를 길 없어 마을 초입에 시비까지 세웠습니다.

필자도 시인의 어린 시절이 되어 징검다리를 건넜습니다. 강변 바위에 쪼그려 앉아봅니다. 달뿌리풀 그늘에서 쉬던 물고기 떼가 삽시간에 흩어집니다. 자갈과 바위 위엔 수박씨 크기의 다슬기 새끼들이 올망졸망합니다. 눈에 보이지 않을 정도의 느린 움직임으로 유기물을 먹습니다. 눈을 드니 강변엔 하얀 억새가 고개를 들어 마중합니다. 그 사이로 쑥부쟁이 연보라 꽃이 가을 햇살에 마냥 즐겁습니다.

마을 입구엔 경로당이 있고 그 맞은 편에 정자[長山樓]가 있습니다. 정자에 앉아 고개를 들면 억새 강변이 한눈에 보입니다. 몇 분의 아낙이 모여 한담을 나누고 있어 다가갔습니다.

"반갑습니다. 쉬어가는 시간인가 봅니다."

"야. 그라지요. 잠시 쉬고 있시요."

"할머니는 언제부터 이곳 장산에서 지내셨나요?"

"20살 시집 왔시니 한 60년은 된가 부네."

"여기에선 무엇으로 자식 키우고 생계를 이어갔나요?"

"이것저것 했제. 주로 밭농사 짓고 틈나는 대로 삼베도 짜고, 닥나무로 한지도 만들어 팔았어."

"삼베와 한지는 한참 된 얘기 아닙니까?"

"잉, 한 50~60년 전 얘기지. 저 강 건너 강변이 닥나무 숲이었거든."

"강에는 물고기가 많은가요?"

"우리 여자들은 잘 몰라. 남자들이 알지. 농사를 짓는 틈틈이 물고기를 잡아 끓여도 먹도 구워도 먹었거든. 우리는 가끔 이웃과 함께 대수리[6]를 잡곤 했제."

이곳의 아낙들은 남편의 농사일을 거드는 틈틈이 삼베 짜고 한지 만드는 일로 쉴 틈 없이 젊은 시절을 보냈습니다. 그런 세월을 보내기론 강 아랫마을의 천담, 구담마을도 별반 다르지 않습니다.

---

6) 다슬기를 전라북도에서는 '대수리', 전라남도에서는 '대사리'라 부른다.

진메마을에서 천담마을로 가는 길을 걷습니다. 마을과 강 사이에 밭과 논이 이어졌습니다. 마을이 강에서 지척이고, 그나마 강을 따라 큰 길이 놓였으니 논밭이 넓을 리가 만무지요. 강 따라 협소하게 이어진 논밭입니다. 그러다 보니 이곳 사람들에게 대농[大農]이니 천석꾼은 어림도 없습니다. 그저 자기 가족들이 먹고살 만한 땅뙈기에 의지해서 살았습니다. 그러니 뒷산의 자갈 구릉지도 마다하지 않고 손발이 부르트도록 일구어 자식들을 키웠습니다.

천담마을에서 진메마을로 가는 길 마을과 강 사이에 협소한 논밭이 이어진다.

강마을 사람들은 강이 내어주는 대로 산이 베푸는 대로 순응하며 살았습니다. 강산이 인간을 압도하지도 않고, 인간이 강산을 위협하지도 않습니다. 덕치면의 섬진강이 이토록 아름다운 건, 강산과 마을의 조화로움에서 오지 않을까요? 공존의 미덕을 보여주는 곳입니다. 비록 삶은 힘들고 질박하지만, 크게 욕심을 부리지 않습니다. 마을과 강 사이에 작은 논밭이 어우러지고, 사람들은 거기에 기대어 자족합니다.

다음 날 천담마을을 찾았습니다. 마침 마을회관을 지나는데 두 중년 부인이 대화하고 계십니다. 반가운 마음에 현관에 들어섰습니다. 불쑥 찾아든 불청객에도 과자와 물을 내어주십니다. 두 분은 모두 도시에서 살다 남편 따라 귀향한 분들입니다.

"마을을 둘러봐도 사람 구경을 할 수가 없어요."
"모두 마을 뒤 골짜기 논과 밭에 들어가 일하고 있으니까요."
"아, 그렇군요. 저는 요 마을 앞 길가의 논과 밭만 살폈지요."
"마을 주민들은 11시 반이면 모두 마을회관으로 모여요. 여기에서 점심을 함께 먹거든요. 각자 반찬 한 가지씩 들고와 식사하거든요."
"아, 마을공동체가 살아있군요. 공동체 의식은 함께 식사하는 데서 시작하니까요."

잠시 대화가 끊긴 사이, 진메마을에서 얘기를 나누었던 다슬기가 떠올랐습니다.
"이곳에 다슬기가 많이 잡힌다던데요."
"아, 그건 강변사리 야영장 가게에 가셔서 여쭤봐요."

몇 마디를 더 나누고 마을을 둘러보았습니다. 마을 한쪽 모퉁이를 돌아드는데 철창에 갇힌 개가 유난히 짖습니다. 그 바람에 노인 한 분을 만나게 되었습니다. 85년 평생을 마을을 떠나지 않은 분입니다. 천담마을의 터줏대감 격이지요.

할아버지의 회고담입니다.

"난 1940년 말에 초등학교를 다녔어. 그러다 1950년 전쟁이 났지. 그리곤 3년을 쉬다 학교를 마쳤지. 1950~1960년대에는 지금처럼 마을로 들어오는 다리가 하나도 없었어. 모두 거룻배로 드나들었지. 지금 저 다리[천담교] 아래로 나루터가 있었어. 사공은 마을에서 건장한 이들이 돌아가며 봉사했지. 그때는 섬진강댐이 없었어. 요즘처럼 농·공업용수로 물이 빠져나갈 일도 별로 없었지. 그래서 강물의 수위가 꽤 높았거든. 홍수가 나면 물이 불어 붉은 황토물이 도로까지 다 넘쳐흘렀제. 지금은 저렇게 도로를 높였지만, 당시엔 저보다 훨씬 낮았어. 때로 사람들이 무리해서 강을 건너다 배가 전복되는 바람에 익사하는 사고도 있었지. 이제는 좋은 세상이 되었어. 지금 차량이 다니는 저 다리가 놓인 지도 불과 십수 년 전 일이제."

할아버지는 70여 년 전 과거가 오늘처럼 생생한지 눈빛이 형형합니다. 고향은 예 있어도 두고 온 고향처럼 기억 저편에서 선명합니다.

할아버지의 말씀을 뒤로 하고 강변사리 야영장을 찾았습니다. 아까 아주머니의 말씀대로 다슬기잡이를 업으로 하는 분을 만날 작정입니다.

이곳 덕치지구의 강의 생태에서 놓칠 수 없는 대목이니까요.

　가게에 인기척이 없어 전화를 드렸더니 주인은 기다린 듯이 반갑게 맞아주십니다.

　"섬진강 생태를 공부하는 사람입니다. 다슬기에 대해서 아시는 대로 말씀해주실 수 있는지요."

　상대방의 의지와 관계없이 필요에 의해서 강마을 사람들을 찾아 인터뷰하자니 최대한 겸손하고 공손할 일입니다.

　"다슬기의 적절한 서식 환경은 어떤가요? 1급수에서 잘 자라나요?"

　"아니요. 너무 맑은 물은 아닙니다. 유기물과 수초를 먹고 자라니까요."

　"선생님은 배로 잡으시는 거죠?"

　"예. 그렇습니다. 배에 그물을 달아 바위 위를 훑으며 잡지요. 요즘은 상업화가 되어 대량으로 매매가 이루어집니다. 수요가 너무 많아 이를 채워주지 못합니다."

　"아, 저 또한 여기로 들어오는 길에 강진면사무소 앞의 ○○회관에서 다슬기 수제비를 먹고 오는 길입니다. 사람이 줄을 서서 먹는 정도더라고요. 정말 수요가 엄청난 모양입니다."

　"우리가 일 년에 7~8t을 잡습니다."

　"그렇게 많이 잡히나요? 그렇게 잡아도 강에 다슬기 서식 환경이 유지된다는 말씀이지요?"

　"예. 다슬기가 번식력이 좋거든요. 한 마리가 보통 200~300개의 알을 낳습니다."

"그래도 다슬기를 무분별하게 잡는다면 서식 환경이 줄지 않을까요?"

"임실군청에서 이를 관리합니다. 현재 21명이 허가받아 다슬기잡이를 하고 있습니다. 실제로 생업에 종사하는 사람은 일부이긴 하지만요."

"강에 다슬기의 종패를 뿌려 증식을 도모한다고 하던데요?"

"일부 긍정적 측면이 있긴 하지만, 다슬기는 인위적인 환경에선 잘 자라지 못합니다. 다 자란 다슬기를 강에 뿌려주면 알을 낳긴 하지만, 자연산처럼 잘 적응하지 못합니다. 사실상 양식이 어려운 실정입니다."

"섬진강댐이 다슬기의 생태에 어떤 영향을 미치나요?"

"아시다시피 임실군은 댐에서 순창 경계에 이르는 구간입니다. 그러다 보니 댐의 영향을 많이 받습니다. 댐에서 인위적으로 물을 방류하면 다슬기는 잘 적응하지 못하죠. 신기하게도 다슬기가 바위 사이로 머리를 들이밀고 숨을 때면 어김없이 방류된 물이 밀려오는 시기와 맞물려요. 순간적으로 다량의 물을 방류하면, 많은 다슬기가 떠내려가다 강가에 뭉쳐 폐사하는 모습을 볼 수 있습니다. 그래서 우리는 군청을 통해 평소에 댐의 방류가 일정하게 유지되도록 계속 민원을 제기하고 있죠."

"예, 잘 알았습니다. 다슬기 어장 보호를 위해, 바라시는 사항이 있나요?"

"군청이 관리 감독에 힘써주었으면 합니다. 가끔 외부인이 조밀한 그물망을 갖고 와서 다슬기를 싹쓸이하는 사례가 있거든요. 자라는 어린 다슬기까지 불법으로 잡아가면 다슬기 생태의 균형이 깨질 수 있습니다. 또 하나는 다슬기잡이 하는 분들의 권익과 보호를 위해 단일한 목소리로 대변하는 조직이 필요할 것 같습니다."

전적으로 섬진강에 기대어 사는 다슬기잡이 신완용 어부의 변입니다.

자연은 유구한데 인간의 욕심으로 강의 생태계를 어지럽히는 측면이 있어 안타깝습니다.

다슬기는 번식력이 좋을 뿐 아니라, 하천의 청소부 역할을 합니다. 강의 각종 불순물과 유기물을 걸러 수질을 정화하지요. 또한 멸종위기에 있는 반딧불이 유충의 먹이로서도 중요합니다. 생계를 이어가는 어부뿐 아니라 강의 건강한 생태계를 위해서도, 다슬기 남획을 막고 어장을 지키는 노력이 필요합니다.

자연을 접하다 보면 늘 인간이 문제입니다. 자연과의 조화와 균형을 이루는 선에서 자연이 내어주는 선물을 받으면 족할 줄 알아야 하는데……

이런저런 상념이 끊이지 않는 가운데 구담마을에 이르렀습니다. 마을의 산기슭에서 저 아래 휘돌아 나가는 섬진강을 바라봅니다. 수천 년의 세월을 간단없이 흐름을 이어온 섬진강. 그에 기대어 질박한 삶을 이어온 우리의 어버이와 또 그 어버이의 어버이……

'우리의 어버이처럼 강마을 사람들이 계속해서 강의 숨결을 호흡할 수 있을까요?'

물우마을을 돌아 나올 때 만난 박래용 씨의 말이 자꾸 가슴 속에 여운으로 남습니다.

"시방 자식들은 고향으로 돌아오지 않아. 저렇게 어머니는 허리가 휘어 걷지 못해 기면서 밭일해도 자식들은 내려오려 하질 않아. 못 오는지 안 오는지 자식들의 발걸음이 점점 뜸해져. 저녁 8~9시면 컴컴해지고 병이 나면 병원이 천 리라 고향에 오기 싫대. 나 원 참!"

말끝에서 떨떠름한 입맛을 다시는 그의 모습에서 점차 강마을이 사라져간다는 위기감이 어립니다.

도시에서 청·장년 시절을 보낸 자식들은 농촌 생활을 잘 적응할 수 있을지 염려스럽습니다. 일종의 새로운 생태계에 다시 적응해야 하는 상황이니까요. 손주를 돌보면서 친구들과 소일할 수 있는 도시가 역시 편하다는 생각이 지배적입니다.

삶이야 제 방식대로 이어가겠지만, 강마을 사람들의 면면한 흐름은 누가 이어갈까요. 오늘도 강물은 말없이 흐릅니다.

강의 / 습지

제3부

어린 시절, 비만 오면 질펀하던 마을 길.
움푹움푹한 웅덩이마다 물이 차면 까만 올챙이가 바글바글했다.
징그러울 정도로. 그 또한 물이 흘러 적셔진 땅, 습지였다. 집을 나서
면, 냇가며 논두렁이며 둠벙이며 발 닿는 곳마다 습지가 이어졌다.
생명은 넘쳐났고 자연은 건강했다. 생태계의 보고가 무엇인지를
보여주는 습지의 기억이다.

우리 땅에서 습지의 기억을 가장 잘 간직한 주역은 강이다. 제방의
경계가 없던 때, 강물은 낮은 곳을 끝임없이 흐르며 광활한 땅을 적
셨다. 모래 자갈과 함께 강물이 실어 온 유기물로 생태계는 촘촘하고
두터웠다. 야생의 생명도 인간의 위협을 크게 받지 않고 건강하게
번식했다.

섬진강은 다사강(多沙江)이라 부를 만큼 드넓은 습지가 남도를 적셨
다. 습지의 기억을 잘 간직한 침실습지와 제월습지를 찾아간다. 바다
와 막힘 없이 소통하는 기수역과 갯벌습지도 빼놓을 수 없다. 강의
습지를 통해 자연과 생명을 들여다보자.

1장

습지의 기억

옛날, 아주 오랜 옛날에 농경 문화가 정착되기 전을 생각해봅니다.

비가 오고 물은 흘렀습니다. 웅덩이를 만나 차고 넘치면 다시 어디론 가 흘러갔죠. 낮은 곳이면 어디로든 끝없이 흘렀습니다. 물과 물은 한데 어울려 마침내 내(川)가 되고 강을 이루었죠. 그러다 몇 날이고 비가 오지 않으면 내는 멈추고 군데군데 물웅덩이를 남기었습니다. 웅덩이엔 생명 이 모여들었죠. 다시 비가 내려 웅덩이는 넘치고 낮은 지대로 모여들어 강 을 이루었습니다. 강물은 흐르며 합치고 넘쳐남을 반복하며 주변을 넓게 적시며 퍼져나갔습니다. 조금이라도 자기보다 낮은 곳이면 자유분방하게 흘렀습니다. 산골짜기를 흘러 광야에 이른 강은 끝이 없는 드넓은 땅을 적셨습니다.

적셔진 땅! 뭍이 물을 만난 결과입니다. 물은 흘러 이동하고, 뭍은 물이 실어 온 영양으로 생명을 키웠습니다. 물과 물이 만나 뭇 생명을 불러들이

는 매력적인 보금자리가 되었죠. 이름하여 습지(wet land)의 탄생입니다. 비가 오면 낮은 지대에 물이 고여 오랫동안 축축한 상태로 남아 있는 웅덩이, 밀물과 썰물이 드나들면서 주기적으로 적셔지는 갯벌 등 물이 적셔진 축축한 땅이면 모두 습지라 합니다. 때가 오면 물이 채워지고 웅크리던 생명이 기지개를 켜고 생기를 얻죠.

인간은 습지를 아주 오랫동안 등한시했습니다. 농사를 짓기도 어렵고, 그렇다고 다른 용도로도 마땅치 않다고 보았죠. 심지어, 축축하고도 거무튀튀한 습지는 기피의 대상이기도 했습니다. '늪에 빠져 허우적거린다'

습지 물이 적셔진 축축한 땅이다.

라는 말에서 보듯이 습지는 부정적으로 사용되었습니다. 여기서 '늪'은 습지를 가리키니까요.

산업 시대에 접어들자, 습지는 개간과 간척의 대상이 되었습니다. 서해 안의 드넓은 갯벌이 간척지로 변모했고, 수많은 내륙습지[7]가 메워져 공장이 들어서고 건물이 세워졌습니다.

그렇게 버려졌던 습지가 최근 들어 사람들의 주목을 받기 시작했습니 다. 어떤 연유일까요? 지구 환경에 위기를 느끼기 시작한 겁니다. 인간은

---

7) 습지는 내륙습지와 연안습지로 구분된다. 늪, 호소, 강의 하구 등을 내륙습지, 갯벌, 바위 해안, 모래 해안 등을 연안습지라 한다.

무분별한 개발과 편향적인 문명 의식으로 갖가지 문제점을 일으켰습니다. 예컨대 지구온난화, 대기 및 수질 오염, 일부 동·식물의 멸종 등 환경과 생태계에 심각한 위협을 초래했습니다. 그러던 중 습지가 한 대안으로 부상한 겁니다. 습지는 지구 면적의 약 6% 밖에 차지하고 있지 않지만, 환경과 생태계에 많은 혜택을 주고 있음이 밝혀졌습니다.

무엇보다도, 습지는 생태계의 보고입니다. 식물에 영양분을, 동물에게는 먹이와 서식지를 제공합니다. 유기물과 식물, 그리고 이를 기반으로 살아가는 동물의 먹이사슬이 촘촘합니다. 습지가 보유한 건강한 생태계는 지구의 생물 다양성에 크게 이바지합니다. 저서생물[8]이 뭍과 물의 가교 역할을 하여 생태계를 더욱 풍부하게 하죠.

환경 면에서도 여러 이점이 있습니다. 공기 중 이산화탄소를 흡수해 지구온난화를 완화해 줄 뿐 아니라, 습지에서 서식하는 생물이 습지 내 질소, 인 등 여러 영양물질을 흡수하여 오염을 정화합니다. 물 저장 능력 또한 뛰어나 가뭄과 홍수의 완충지대 역할을 하죠.

습지는 뭍과 물이 만나는 특이성 덕분에 경관 또한 빼어납니다. 해변, 강변, 시냇가, 호숫가에 어우러진 풍경은 보기만 해도 가슴이 시원해지고 마음의 치유를 얻습니다.

이렇게 생태, 환경, 경관 면에서 우수한 자원은 체계적인 관리를 통해서 교육 및 자연 체험용으로도 활용됩니다. 어려서부터 자연을 접한 친구들이 자연 친화적인 시각으로 환경과 생태를 보존하는 데 앞장설 겁니다.

---

8) 해수와 담수 서식지의 바닥에 사는 수중생물을 통칭하여 저서생물이라 한다. 수중 바닥의 퇴적물 내부나 표면 혹은 그 근처에 서식하는 생물을 말한다.

사실, 습지는 오래전부터 우리에게 친숙했습니다. 농경 문화 덕분이죠. 물이 채워진 논은 훌륭한 습지였습니다. 마을 어귀 어디서나 볼 수 있는 논. 그곳에 우렁이, 미꾸리, 메뚜기, 잠자리, 개구리 등이 모여들었죠. 자연히 이를 먹이로 살아가는 드렁허리, 뱀, 백로, 황로, 왜가리 등도 찾아왔습니다. 그 너른 들이 보이지 않는 긴장으로 꽉 차 있었죠.

지금은 농수로가 잘 발달하여 사라지긴 했지만, 논 가운데 파 놓았던 둠벙은 또 어떻습니까. 연중 물이 거의 마르지 않는 그곳엔 갖가지 동·식물이 모여들어 살았습니다. 수생식물에서 수서곤충, 양서류, 어류, 파충류, 조류, 심지어 포유류에 이르기까지 폭넓은 생태계를 이루었죠.

논둑을 밟으며 성장한 우리에게 논과 둠벙은 멋진 생태 놀이터였습니다. 세월이 흘러 몸은 떠나도 마음은 자연과 함께 놀았죠. 그래서 논에 기대어 사는 뭇 생명은 여전히 오랜 친구처럼 친숙합니다. 봄이면 송사리며 자운영꽃, 여름비가 지나면 논두렁에 바글거리던 미꾸리며 우렁이, 가을 들녘 논두렁을 걸을라치면 후드득 날갯짓하던 메뚜기며 참새떼! 겨울 논물에 얼음이 얼어 썰매를 타다 넘어지면 빙판 아래 물고기가 죽은 듯 움츠린 모습과 마주친 기억. 그 모두가 지금도 생생합니다. 자연의 생태는 그렇게 어린 가슴에 잦아들어 동심은 영글어갔습니다.

논둑길로 메뚜기 잡으러 갈 때 어머니는 항상 일렀습니다.

"아그야, 둠벙 조심하그래이!"

생명의 보금자리 둠벙에 어머니의 모습이 어른거립니다.

자연은 추억을 낳고 추억은 사랑을 키웁니다.

2장

강의 습지

섬진강은 크게 두 부류의
습지 유형을 갖습니다.
하나는 담수 지역의 하천 습지,
다른 하나는 바닷물이 유입하는
기수역의 갯벌습지로 나뉩니다.
전자가 강의 중·상류 지역을 아우르는
내륙습지의 하나로 본다면,
후자는 하구역의 연안습지에
가깝다고 보아야겠죠.
생태계 역시 하천 습지와
갯벌습지 간에
뚜렷한 차이를 보입니다.

1. 하천습지

　내륙습지 중에서도 하천 습지는 독립적인 늪이나 호소보다 그 역동성과 다양성이 탁월합니다. 끊임없이 흐르는 물 덕분이죠. 산소와 유기물의 공급원입니다. 흐르는 물 따라 이동하던 모래와 자갈. 모래에 유기물이 쌓이고 자갈엔 이끼가 자랍니다. 이 이끼와 유기물이 뭇 동·식물의 영양과 먹이가 되어 촘촘한 생태계를 이루었죠.

　모래, 자갈, 수초와 갈대가 잘 어우러진 구역은 국가와 지자체에서 별도의 생태습지로 지정하여 보호 관리합니다. 생태습지엔 수달, 흰꼬리수리, 삵, 큰말똥가리 등 멸종위기 동물뿐만 아니라 수백 종의 생물이 서식할 만큼 생물 다양성이 풍부합니다.

　하천의 생태습지가 잘 발달한 대표적인 지역으로, 침실습지와 제월습지를 꼽을 수 있습니다. 수량이 풍부하면서도 수심이 그리 깊지 않아 수초가 많고 작은 소(沼)가 발달하였습니다. 그뿐만 아니라 하상(河床)은 자갈과 모래로 이루어져 이끼가 끼고 유기물이 풍부합니다. 자연스레 물고기가 모여들고 이에 따라 두터운 생태계를 형성하게 되었습니다.

(1) 침실습지

　곡성이 강을 끼고 평야 지대라는 사실은 다른 지역에 비해 지대가 낮다는 의미입니다. 17번 국도를 타고 곡성읍 대평리에 들어서면 안개 지역이라는 주의 표지판이 이를 말해줍니다. 이 주변이 바로 침실습지가 자리한 곳이죠. 침실습지 유역엔 사방에서 샛강이 모여듭니다. 상류 지역[9]엔 남원시 금지면에서 요천, 남원시 수지면에서 수지천이 섬진강과 합류합니다.

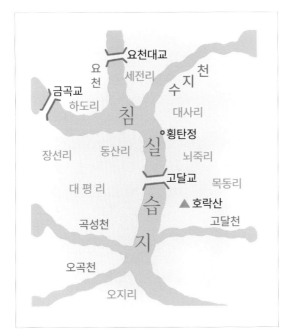

침실습지
상류쪽 남원에서 요천과 수지천, 하류쪽 곡성에선 곡성천, 오곡천, 그리고 고달천이 섬진강과 합류한다.

---

9) 여기에서 '상류 지역'이라 함은 침실습지 유역에 한정해서 언급하기로 한다. 즉 요천과 수지천이 섬진강에 합류하는 지역에 한한다. 마찬가지로 '하류 지역'은 침실습지의 하류를 지칭하는 바, 곡성천, 오곡천, 그리고 고달천이 합류하는 지역을 가리킨다.

하류 지역엔 곡성의 서남쪽에서 흘러오는 곡성천과 오곡천, 그리고 곡성의 동북쪽에서 흘러오는 고달천이 합류하지요. 이렇게 상류의 요천, 수지천이 합류하는 유역으로부터, 하류의 곡성천, 오곡천, 그리고 고달천이 합류하는 유역까지 통틀어 침실습지라 부릅니다.

침실습지의 규모는 203만㎡로, 길이가 대략 4km 남짓, 폭이 250~800m에 이릅니다. 습지의 대부분은 갈대숲과 버드나무 군락으로 이루어졌습니다. 섬진강댐이 건설되기 이전, 수량이 풍부하던 옛날엔 너른 백사장이 끝없이 펼쳐졌던 곳이죠. 지금도 갈대숲에 들어가 땅을 헤집어보면 흰 모래가 나옵니다.

침실습지 유역은 평야 지대라, 강물이 자유롭게 흐르며 넓게 퍼져나갑니다. 이에 따라 수변은 굴곡진 곳이 많고 모래톱과 호소가 발달했습니다. 모래톱과 호소에는 물의 흐름에도 견뎌내는 달뿌리풀과 버드나무가 주로 자랍니다. 수변에 유기물, 수초, 수생식물 등이 자라며, 이를 먹고 사는 작고 큰 물고기를 비롯하여 여러 동식물이 살아갑니다. 침실습지는 방대한 규모에 걸맞게 멸종위기 동물인 수달, 흰목물떼새, 흰꼬리수리, 삵 등을 비롯한 665종의 다양한 동·식물이 서식하고 있음이 밝혀졌습니다.

2016년 환경부는 생물 다양성과 생태의 중요성을 인정하여 국가 습지 보호구역으로 지정하여 보호하고 있습니다.

침실습지 상류 지역은 습지 규모가 워낙 방대해서 끝이 보이지 않을 정도입니다. 이 유역의 경관을 감상하려면 곡성읍 동산리 '영모재' 부근이 좋습니다. 수변에 데크 길이 놓여 있어, 맞은편 수지천과 멀리 북쪽에서 합류하는 요천의 드넓은 갈대숲을 조망할 수 있습니다. 섬진강댐으로 생긴 인공호수 옥정호를 빼면, 섬진강 전체에서 이만큼 탁 트인 습지가 없습니다.

침실습지 상류 습지의 폭이 무려 1㎞에 이르는 광활한 지역이다. 멀리 요천을 가로지르는 요천대교가 보인다.

내친김에 금곡교를 지나 하도리를 거쳐 요천 하구를 둘러봅니다. 갈대숲의 군데군데 버드나무가 비스듬히 누웠습니다. 3년 전 대홍수로 인한 물살에 쓸린 흔적입니다. 요천의 강폭도 섬진강의 폭 못지않게 넓어,

물줄기가 두세 갈래 나누어져 흐르다 섬진강에 합류합니다.

상류 지역을 한 바퀴 돌아 횡탄정에 이를 때쯤이면 이미 한나절이 지납니다. 고라니와 수달의 처지에서 보아도 이 드넓은 습지를 자유롭게 다닐 수 있겠다 싶어 다행입니다. 횡탄정에 앉아 습지를 굽어보면, 강물이 이쪽으로 달려들 듯 다가오다 멀어져 갑니다. 말 그대로 횡탄(橫灘 : 여울이 휘돌아 감)하는 곳에 정자, 횡탄정이 있습니다. 여러분도 이곳을 방문하면 몸과 마음을 강물의 흐름에 맡기고 유유히 유영(遊泳)해보면 어떨까요?

횡탄정에서 하류 쪽으로 내려가면 풍광의 몰입감이 한층 높습니다. 주위에 차도와 마을이 인접하지 않아서 호젓하고 그윽합니다. 그뿐만 아니라 겹겹이 이어진 모래톱과 굴곡진 수변, 그 위로 갈대숲과 제방, 그리고 멀리 희뿌옇게 동악산과 산맥이 병풍처럼 드리워진 습지의 풍광을 오롯이 즐길 수 있습니다.

습지의 풍경은 어느 한때만 보고 모두를 말하긴 어렵습니다. 하루 중 언제냐에 따라, 어느 계절이냐에 따라 느낌이 다 다르기 때문이죠. 고달면 제방에서 바라보는 풍경은 겨울의 눈 온 다음 날 아침이 기억에 남습니다. 회젯빛 갈대밭이 일시에 하얀 옷으로 갈아입은 순간을 상상해 보세요. 거무튀튀하여 평소에 갈대와 잘 구분되지 않던 버드나무들이 짜~안하고 나타납니다. 새하얀 배경에 가지마다 봄물을 머금고 새 아침을 맞이합니다. 그 특유의 세세한 가지를 고요한 수면에, 또 흰 눈 위에 아낌없이 드러내는 순간이죠. 우중충하던 마음이 한결 맑아지고 가벼워집니다.

침실습지의 아침 강변의 달뿌리풀이 황금빛으로 빛나고 왕버들의 어린잎이 초록 안개처럼 피어오른다.

다시 기억에 남는 한 장면을 더 고르라면 3월의 아침을 들겠습니다. 고달천 너머 깃대봉에서 막 넘어온 햇살이 습지에 퍼지면, 달뿌리풀과 갈대숲은 황금빛으로 빛나고 왕버들은 초록 안개로 피어오릅니다. 긴 겨울의 여운이 아침 햇살에 물드는 가운데 푸른 강물은 곳곳을 적시며 여린 생명을 일깨웁니다. 강 건너 아스라이 병풍처럼 감싸 안은 산맥과 무한의 파란 하늘로, 습지의 아침은 포근하고 사랑스럽습니다.

습지의 모래톱과 호소도 천태만상이어서 그 조화가 참 이채롭습니다. 군함, 거북, 두더지, 혹은 거대한 송충이 등 갖가지 모습이 묘하게 어울려 보입니다. 마치 습지가 만들어 낸 조각 전시장 같습니다. 수변의 들고 남도 커서 긴 반호(半弧)를 그려낸 곳도 여기저기 눈에 띕니다. 덕분에 물도, 물고기도 쉬어갑니다.

  강의 습지가 그려내는 갖가지 형상에 정신이 팔려 걷는 사이 어느새 고달천에 이르렀습니다. 고달교를 건너 퐁퐁다리로 걸음을 옮깁니다. 다리 중간에서 잠시 걸음을 멈추어, 두 귀와 눈에 꽉 차는 물소리와 풍경에 몰입합니다.

  퐁퐁다리에서 습지의 역동성과 생동감을 충분히 맛보았으면, 이제 마지막 코스가 여러분을 기다립니다. 바로, 오곡천 위에 우뚝 선 침실목교이지요. 이곳에 선 순간, "아!"하고 외마디 탄성이 절로 터져 나옵니다. 아침이면, 강너머 깃대봉이 거느린 산맥을 따라 붉은 기운이 좌우로 퍼져옵니다. 이 순간, 드넓은 갈대숲에 열 지어있던 버드나무와 왕버들이 뭉글뭉글 피어오릅니다. 드넓은 벌판에 거대한 초록 꽃송이가 피어오르 듯하죠. 그 순간 푸르고 붉그레한 하늘을 닮은 강은 초록 벌판을 남북으로 달립니다.

침실목교에서 바라본 침실습지의 아침 풍경

10월 아침이면, 버드나무 사이사이에서 스르르 정지한 듯 피어오르는 물안개를 놓치지 마세요. 물안개의 미묘한 흐름을 잡고 싶으면 퐁퐁다리나 곡성천 하구로 이동하여 강의 수면과 가까이 마주해보세요. 물안개가 피어오르며 물의 흐름을 따라 고요히 흐르는 움직임을 감상할 수 있습니다.

2월의 황혼 무렵은 어떤가요? 서녘 해가 동악산 자락에 닿을 무렵이면 퐁퐁다리 건너편 달뿌리풀 갈대숲은 황금빛으로 물들고 강물은 못내 아쉬운 듯 솨솨~ 멀어져갑니다.

습지의 갈대숲과 버드나무숲이 시시각각 옷을 갈아입을 때마다 보는 이의 탄성을 자아냅니다. 멀리로는 희뿌연 산맥과 가까이엔 흐르는 강물이 멋진 배경이 되어줍니다. 하얀 눈, 아침 햇살, 저녁노을, 스며들 듯 피어오르는 안개 등을 만나 침실습지는 무릉도원을 방불케 합니다.

강 건너편 깃대봉에서 꿈틀대던 아침 해가 고개를 내밀었습니다. 섬진강과 곡성천이 합류하는 지점에서 몸을 동남쪽으로 약간 틀어 햇살을 비껴보고 앉습니다. 하구의 낮은 구릉에 파릇하게 물이 오른 왕버들 너머로 퐁퐁다리가 고즈넉하게 누워 있습니다. 다리 아래 수면이 희뿌옇습니다. 닿을 듯 말 듯, 보일 듯 말 듯 피어오르는 물안개입니다. 저 다리를 걷고 있노라면 운해 위를 걷는 신선의 기분일까요?

말이 나온 김에 퐁퐁다리로 자리를 옮겨야겠습니다. 곡성천을 뒤로 하고 침실목교를 건넙니다. 발아래 너른 초지에 왕버들이 초록빛을 더해갑니다. 3월 하순에 접어들어 파릇한 잎이 돋아나고 버들개지는 벌써 열매를 맺으려 합니다. 멀지 않아 4월이면 흰 눈 같은 씨앗 솜털이 분분하겠죠? 왕버들은 밋밋한 푸른 초지에 굴곡과 조화를 주어 습지의 맛을 더합니다.

섬진강과 곡성천이 합류하는 지점에서 바라본 퐁퐁다리 안개가 깔린 듯 피어오르는 물안개가 몽환적이다.

강 건너 우측으로 눈을 돌리면 퐁퐁다리 너머 너른 달뿌리풀 습지 벌판이 하류 쪽으로 이어집니다. 지금은 육지화가 진행되고 있지만 오래전엔 너른 백사장이 끝없이 이어졌던 곳이죠. 지금도 땅바닥은 온통 자갈과 모래가 과거를 말해줍니다.

퐁퐁다리에 서면, 강의 중앙에 달뿌리풀 삼각주가 달려들 듯 다가옵니다. 양쪽 수변에서도 황금빛 달뿌리풀이 연초록 버드나무의 생기를 더해주고 있습니다. 주연이 빛나는 건 조연이 받쳐주는 덕분이죠.

퐁퐁다리는 철판교로, 침수 시 압력에 견디도록 강판에 일정한 간격으로 둥근 구멍이 뚫려 있습니다. 물이 차면 이 구멍을 통해 물이 퐁퐁 솟아난다고 붙여진 이름입니다.

퐁퐁다리에서 바라본 침실습지 달뿌리풀이 자라는 삼각주(강의 중앙)가 달려들 듯 다가온다.

퐁퐁다리를 방문할 때, 즐거움을 배가시키는 비결이 있습니다.

먼저 소리입니다. 강둑에서 퐁퐁다리로 내려가면서 크레센도 (crescendo : 점점 세게)로 차오르는 물소리를 놓치지 마세요. 라벨의 볼레로를 감상한다 생각하면 더욱 좋겠네요. 같은 패턴의 선율이 계속 반복되면서 음의 세기가 점차 커지며 마지막에 강렬한 인상을 심어주잖 아요? 다리에 다가갈수록 소리가 커지며 가슴이 부풀어 오르는 느낌을 즐기시길 바랍니다. 마침내 다리에 이르면 '쏴아 쏴~' 소리가 가슴에서 터집니다.

이번엔 시각의 묘미를 즐겨볼 차례입니다.

퐁퐁다리로 가는 길목엔 갈대가 우거져 있고 다리에 다다를 즈음 길 은 좌로 틀어져 있습니다. 길 양쪽 갈대가 시야를 가리지만, 귀퉁이를 돌 자마자 강의 풍경이 눈앞에 확 달려듭니다. 마치 소쇄원[10]의 담장 모퉁이 효과입니다. 담장의 모퉁이를 돌 때 새로운 풍경이 펼쳐지니 원림(園林) 의 공간을 더욱 깊이 있게 느낍니다. 퐁퐁다리에 이를 즈음 모퉁이를 돌 면서, 탁 트인 공간에서 일시에 달려드는 강의 풍경과 물소리를 즐겨보세 요. 순간적으로 눈과 귀에 차오르는 극적 효과는 환희 그 자체입니다.

퐁퐁다리 부근에서 물소리가 그리 크게 들리는 건 다리 부근의 경사 와 크고 작은 돌들에 있습니다. 합류하여 모아진 물은 수량이 더욱 많아 지고 경사로 인해 유속이 빨라집니다. 물은 돌에 부딪히면서 돌을 차고 넘거나 휘돌아가죠. 이때 유속이 더욱 빨라지며 물의 낙차에 따라 부딪 는 소리입니다. 오랜 세월에 걸쳐 부서지고 뒹굴며 여기에 모인 저 무수한

---

10) 전라남도 담양군에 있는 조선 시대의 정원이다. 자연과 인공을 조화시킨 아름다운 정원이다.

돌들이 물을 만나 만들어내는 대서사시입니다.

다음은 깜짝 등장인물을 놓치지 않는 겁니다.

다리에 가까워지면 갈대숲에서 휴식을 취하던 새가 놀라서 푸드덕거리며 날아오를지 모르니까요. 꿩이든 멧비둘기이든, 당신의 바로 앞에서 갑작스런 날개의 퍼덕임은 당신의 심장을 멈추게 할지도 모릅니다.

마침내 퐁퐁다리 위에 섰습니다.

다리 위 감상의 몰입감을 더해볼까요?

먼저 다리 중앙에 서서 사방을 천천히 둘러봅니다. 중앙의 달뿌리풀 삼각주, 수변의 멋진 굴곡, 그 위의 버드나무와 새들의 지저귐, 수많은 돌에 부딪고 넘어서며 거침없이 달려드는 물의 기세, 그리고 양안(兩岸) 멀리 호위하듯이 희뿌연 산맥이 이어집니다. 이제 눈을 감습니다. 방금 머리에 기억한 장면을 떠올리며 귀에 집중합니다. 지난 2월에 보았던 원앙과 청둥오리 떼를 그려보기도 합니다. 상상의 나래는 시각적 장면을 더욱 증폭시킵니다. 이때 귀에 집중하면 최고 경지의 즐거움을 맛볼 수 있습니다.

이윽고, 살짝 눈을 뜨고 동쪽 깃대봉에서 막 떠오른 해가 중앙에 달뿌리풀 삼각주에 황금빛을 안기는 모습을 감상해보세요. 오목 들어간 수변에서 물살은 맴을 돌며 수초를 희롱합니다. 노란 버들개지를 가득 피워낸 왕버들이 자기 모습에 겨워서 잔잔한 수면에 연록황 자태를 풀어 헤칩니다. 그 아래 달뿌리풀의 황금빛과 어울려 당신의 마음을 훔칠지도 모르겠습니다. 순간순간 비추고 반사하고 흔들어대며 어울리는 조화로, 당신의 가슴에 차오르는 황홀감을 느껴보세요.

습지의 새벽은 온통 새소리로 가득합니다.

제방 아래 풀덤불에서 떼로 다니며 먹이를 찾는 참새들의 움직임이 부산합니다. 아직 아침 해가 떠오르기도 전이지만, 그들이 활동을 시작한 지 꽤 시간이 흐른 듯합니다. 관목에 달린 거무튀튀한 묵은 열매를 잘도 쪼아 먹습니다. 제방에서 곡성천으로 내려가는 길목에 접어듭니다. 저 아래 잠수교에 눈을 팔고 있는 사이 어디서 요란한 소리가 들립니다.

"따르르르~륵"

멀지 않은 버드나무에서 들리는 소리입니다. 맨눈으로도 둥치에 매달린 새 한 마리가 보입니다. 카메라 초점을 맞춰보니 오색딱따구리입니다. 검은 바탕에 좌우 대칭의 흰 줄무늬가 강렬한 인상을 줍니다. 뒷머리에 붉은 띠가 있는 것으로 보아 수컷입니다. 사실 어제도 똑같은 위치에서 만났던 친구입니다.

곡성천 하구로 가는 길목에서 만난 오색딱따구리(수컷)

녀석은 고개를 좌우로 까딱까딱하다가 연신 부리로 나무줄기를 쪼아 댑니다. 경쾌한 반복음이 고요한 아침의 산하(山河)를 깨웁니다. 봄의 전령사라도 자처한 듯 숲과 강의 생명을 들깨웁니다. 얼마나 자기 일에 열중하는지 사진을 찍어대도 눈치를 채지 못합니다. 둥지 짓기에 여념이 없는 듯합니다.

걸음을 옮겨 잠수교에 다다랐습니다. 섬진강과 만나는 곡성천 하구역 입니다. 참새 무리의 짹짹거림을 듣는 순간, 무언가 조그만 새가 쏜살같 이 눈앞을 지나갑니다. 울음소리로 보아 검은등할미새입니다.

잠수교를 건너자마자 섬진강 합류 지점으로 가는 길목에서 발을 멈췄 습니다. 고라니의 발자취를 살피기 위함이죠. 수풀 덤불 사이 검갈색 흙 에 발자국이 선명합니다. 하구로 가는 길목의 둔덕을 오르느라 미끄러지 며 길게 늘어진 흔적. 발에 두 굽이 있어 쉽게 구분할 수 있습니다. 녀석 은 섬진강과 합류되는 곡성천 하구로 내려가 싱싱한 풀을 뜯어 먹으며 물 도 마시고 휴식도 즐깁니다. 사람들이 다니는 길에서 상당히 떨어져 있어 안전하지요. 하천의 하구는 그의 천국이 아닐 수 없습니다.

아! 그런데 이게 웬일입니까!
그렇게 고대하던 등장인물을 여기서 만나게 될 줄이야! 불과 20~30m 떨어진 강에서 물살을 헤치며 빼꼼히 얼굴을 내민 녀석! 수달입니다.

침실습지에서 만난 수달 가족

그를 쳐다보기 바쁘게 또 한 녀석이 앞서거니 뒤서거니 하면서 잠수와 출수를 반복합니다. 아마 장난을 노는 듯합니다. 그러더니 하구 쪽 모래톱으로 올라옵니다. 지켜보던 어미가 신호를 보낸 모양입니다. 물에서 놀 땐 몰랐는데 모래톱에 오르니 필자가 보였던 모양입니다. 큰 수달의 몸짓에 따라 작은 두 마리가 따라 움직입니다. 몇 번 서로 몸짓을 주고받더니 퐁퐁다리 쪽으로 사라집니다. 어미와 새끼 두 마리의 수달 가족을 한꺼번에 만나다니! 수차례에 걸쳐 침실습지를 방문했지만, 잠수교 밑에서 한 마리 수달 얼굴을 잠깐 본 것이 전부였기에 쉬이 흥분이 가라앉지 않았습니다.

수달 가족을 만난 지 일주일 후에 다시 그 자리를 방문했습니다. 대략 같은 시간대인 아침 7시경입니다. 아쉽게도 직접 보진 못했지만, 녀석들은 흔적을 남겼습니다. 역시 수달 가족이 머무른 듯합니다. 모래톱에 새긴 선명하고도 어지러운 발자국이 말해줍니다.

수달이 이곳을 자주 찾는 이유는 무엇일까요? 사람의 인적이 없고 곡성천과 오곡천이 섬진강에 합류하는 지점이라는 사실에 주목하지 않을 수 없습니다. 고라니뿐만 아니라, 수달 역시 좋아하는 휴식처입니다. 잠수교에서 하구까지 100m가량 떨어졌을 뿐만 아니라 둔덕과 버드나무가 가려주고 있습니다. 인간의 간섭을 받지 않고 잡은 물고기를 느긋하게 즐기기에 알맞은 장소죠. 고라니 발굽과 함께 찍힌 수달의 발자국. 그 옆에 필자의 발자국도 살짝 찍어봅니다. 처음엔 이들을 찾느라고 두리번거렸지만, 이제는 발자국과 동행하는 것만으로도 기쁩니다. 관찰을 통해 흔적을 찾고 건강한 야생의 세계를 그려봅니다.

고라니와 수달뿐 아니라 삵, 멧쥐, 그리고 두더지도 이곳을 들락거리는 곳입니다. 여기서 잠시 생각해보았습니다. 갖가지 조류와 야생 동물이 모여드는 곡성천 하구의 매력은 무엇일까요?

먼저 먹이 사슬이 촘촘합니다. 앞에서 말씀드렸지만, 곡성천과 섬진강의 합류 지점엔 미생물과 유기물이 풍부합니다. 이들에 의존하는 작고 큰 물고기가 모여들겠죠? 그러니 야생 동물의 훌륭한 사냥터로 손색이 없습니다. 더구나 곡성천 합류 지점은 강이 휘돌아나가는 지점에 있습니다. 덕분에 커다란 소(沼)가 만들어져 수달이 좋아하는 큰 물고기가 살아갑니다. 수변의 둔덕에는 초지가 발달해서 고라니와 같은 초식 동물도 빠질 수 없죠.

다음으로 풍부한 수량을 들 수 있습니다. 곡성천은 북동쪽의 동악산, 남서쪽 통명산~소쿠리봉을 잇는 산맥 사이를 관통하여 흐릅니다. 덕분에 맑고 풍부한 수량을 자랑합니다.

또한, 하류에 이르러 넓어진 양안 내에서 흐르는 하천은 일종의 자연

하천 역할을 하죠. 하천 변에 수초가 풍부하고 버드나무가 그늘을 만들어, 물고기나 수달이 서식하기에 적합합니다.

습지의 하류는 곡성천 뿐 아니라 이웃 오곡천이 섬진강에서 합류합니다. 특히 강 건너편 고달천이 흘러들어와 합류함으로써 수변 초지와 넓은 갈대숲이 형성되었습니다. 풍부한 유기물과 저서생물이 서식하기에 알맞은 환경이 되었죠. 갈대숲에는 버드나무와 왕버들이 숲을 이루어 조류와 포유류의 보금자리가 되었습니다.

고라니 길

섬진강자연생태공원 앞에 서면 두 가지로 놀랍니다.

하나는 그냥 드넓은 갈대 습지라는 사실입니다. 우리나라 생태공원이 그렇듯이, 넓은 주차장, 아기자기한 체험장, 각종 편의 시설 등을 상상했다면……? 아닙니다. 여기는 정말 날 것 그대로 갈대밭이 펼쳐진 곳입니다. 그 흔한 데크 하나 없죠.

또 하나는 사람들의 발길이 전혀 닿지 않은, 숲으로 말하자면 원시림입니다. 도로 근처에서 전체를 조망할 수 있을 뿐입니다. 갈대밭 사이 군데군데 푸릇한 버드나무가 없었다면, '아직도 겨울의 긴 자락을 벗어나지 못했군.' 하며 착각했을 겁니다. 끝없이 펼쳐진 누런 갈대 벌판. 3m에 이르는 무수한 (잎은 오래전에 떨어진) 갈대가 빽빽한 숲을 이루었습니다. 도로 위에 서 있어도 저편 강이 보이지 않을 정도로 드넓습니다. 길이로 보아도 상류 금곡교 부근에서 아래쪽 침실습지 방향으로 1km도 넘어

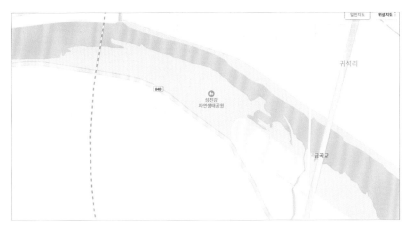

섬진강자연생태공원 폭 200m, 길이 1km에 이르는 원시 갈대 습지이다.

보입니다. 마치 이곳을 방문하는 사람들에게 '자연 습지 그대로의 모습이란 이런 곳이야!'라고 일러주는 듯합니다. 강 건너 반대쪽 제방이 아득히 멀어 보입니다.

사람의 발길이 닿지 않은 원시의 갈대 습지! 그것이 호기심과 모험심을 자극합니다.

'그래. 갈대숲을 가로질러 강가로 나가보자!'

결심이 채 서기도 전, 발길은 이미 갈대밭으로 향합니다. 처음엔 빽빽한 갈대를 호기롭게 두 팔로 헤치며 나갔습니다. 겨우내 수분이 바짝 말라 버린 대는 뻣세어 몸의 이곳저곳을 치고 찌르고 야단입니다. 사방 어디를 둘러보아도 겹겹이 둘러싸인 갈대뿐입니다. 갈대는 사람의 키보다 훨씬 높아 외부와 차단되었으니 도대체 위치와 방향을 가늠할 길이 없습니다. 꼼짝없이 갈대숲에 갇힌 형국입니다.

슬슬 염려가 일기 시작했습니다.

'이러다 갑자기 뱀이 튀어나오지 않을까?'

주춤거리며 돌아갈까 망설였습니다. 그러자 다음 생각이 꼬리를 잇습니다.

'탐험가가 맞닥뜨리는 환경이 이런 진퇴양난의 상황이잖아? 그래. 나도 미지의 세계를 탐험하는 개척자의 모험을 하고 있는 거야. 그래봤자 갈대밭 아니냐!'

그렇게 혼자 중얼거리며 얼마를 헤쳐가다 보니 뭔가 보였습니다. 좁디좁은 통로 비슷한 길이었습니다. 그런데 정말 이상합니다. 분명 갈대숲은 그대로인데 잎이 떨어진 바닥엔 좁은 길이 이어졌습니다. 눈을 들면 아무 통로도 보이지 않는데 바닥을 보면 좁은 길이 보이는 겁니다. 좁은 통로엔 잎이 쌓여 있고 그 위를 뭔가가 다닌 흔적입니다. 그것도 여러 차례. 바닥에 쌓인 잎이 판판하여 아침 햇살에 반짝입니다.

'갈대가 군데군데 성기게 자란 곳으로 무엇이 다녔나?'하고 의아해하며 그 길을 헤쳐갔습니다. 어쨌든 빽빽한 다른 곳보다 조금은 나아 보였으니까요.

다시 얼마간을 힘들게 헤쳐가다 부지불식간에 떠오른 생각.

"아! 고라니 길!"

나도 모르게 탄성을 질렀습니다.

갈대 습지에 어김없이 등장하는 야생 동물이라면 고라니 아니겠습니까? 특별한 경우가 아니라면 우리나라 대부분의 초지와 갈대 습지는 그

고라니길
무성한 갈대숲 사이로
고라니가 다닌 흔적이다.

들의 세상일 겁니다. 초지와 강물이 어우러져 있는 갈대 습지는 고라니
가 아주 좋아하는 서식처이니까요. 요즘은 고라니의 천적도 거의 사라진
상태입니다. 왜 처음부터 그 추측을 하지 못했을까 아둔함을 탓하며
다시금 그 좁은 길을 찬찬히 살펴보았습니다.

　조금 성긴 곳마다 어김없이 이어진 길. 고라니가 지난해부터 이미 길을 열어 놓은 듯 그가 다니는 곳엔 갈댓잎이 유난히 많이 떨어져 있습니다. 그런데도 갈대 하나 쓰러뜨리지 않고 사이사이로 길을 열었습니다. 고라니의 키가 1m도 채 안 되니 갈대숲의 하부로만 통로가 열린 것이었습니다. 후각 하나에 의존하고 길을 연 거죠. 빽빽한 갈대숲에서 뛰지는 못해도 자신이 개척한 길을 따라 주저함 없이 강가로 다가가는 그가 보였습니다.

순간, 멈칫했습니다. 평생 인간이 낸 길을 당연시했는데⋯⋯. 이제, 아닙니다. 눈앞에 처음으로 맞닥뜨린 건 고라니가 개척한 '자연의 길' 아닙니까? 그때 누가 머리를 후려치듯 정신이 번쩍 들었습니다. '당연한 인간 중심' 논리에서 벗어나는 순간이었죠. 문명의 한 치만 비껴도 우왕좌왕하며 당황했던 조금 전의 필자를 구해준 것은 고라니 길이었던 겁니다.

이제 의혹과 염려는 완전히 사라졌습니다.

'고라니가 물 냄새를 맡으며 길을 열었군.'하고 혼자 중얼거렸습니다. 그렇게 판단하자 마음이 전보다 편해지고 다리에 힘이 생겼습니다. 물론 중간중간에 어려움이 없던 것은 아닙니다. 갈대가 뒤엉켜 덤불 더미를 이루는 곳에선 허리까지 푹푹 빠지며 건너야 했으니까요. 덤불 속 컴컴한 웅덩이에 발이 빠질 때마다 '이상한 무엇이 내 발을 물지 않을까?'라고 상상하며 불안했습니다. 달뿌리풀의 긴 줄기에 발이 걸려 넘어지기도 몇 차례였습니다.

그런데 '고라니 길'을 얼마간 가다 또 하나의 사실을 알게 되었습니다. 갈대를 헤쳐 나가다 보면 꼭 만나게 되는 중간 정거장! 그건 왕버들과 초지가 있는 물웅덩이였습니다. 주변보다 지대가 조금 낮고 그늘이 져서 물웅덩이가 있고 초지가 있었습니다. 갈대 습지의 전형적인 모습이죠. 그러니까 고라니는 중간중간에 물웅덩이를 오가며 길을 열었던 겁니다.

왕버들과 초지가 있는 물웅덩이 고라니의 중간 쉼터다.

　그렇게 해서 마침내 강가에 거의 다다랐는데, 또 이상했습니다.

　강가에서 불과 2~3m 떨어져 있을 뿐인데 강으로 나가는 '고라니 길'이 보이지 않았습니다. '고라니는 왜 바로 강으로 나아가지 않았을까?' 의아해하며 두리번거렸습니다. 길은 강가와 평행을 이루며 계속 상류 쪽으로 이어졌습니다.

　'이러다 정말 가도 오도 못하겠는 걸!'

　다시금 혼란스러워졌습니다. 이미 1시간 가까이 진땀 흘리며 갈대를 헤치고 온 터였습니다. 손등이 긁히고 옷 여기저기 갈대의 티끌투성이입니다. 그렇다고 돌아갈 길도 만만치 않습니다.

　결단을 내려야만 했습니다.

'하지만, 여기서 그만둘 수 없지! 이제 거의 다 왔어.'라고 자신을 위로하면서 다시 길을 헤쳐나갔습니다. 그러다 곧 깨닫게 되었습니다. 왜 고라니가 바로 강가로 나가지 않았는지를……

나가지 않은 것이 아니라, 못했던 겁니다. 강가엔 물살 때문에 쓰러진 덤불이 수북했습니다. 높이 1m 정도로 수변을 따라 이어졌습니다. 그게 이유였습니다. 덤불은 갈대의 윗부분만 꺾어서 늪지로 바뀌었음을 본능적으로 알았던 겁니다. 발이 빠지면 헤어 나오기 어려웠겠죠?

30여m 그렇게 걷노라니, 덤불이 사라지고 새싹이 자라는 초지가 나타났습니다. 예상대로 길은 물가로 이어졌고요. 강물에서 노닐던 흰뺨검둥오리 몇 마리가 푸드덕 달아났습니다. 인기척에 놀랐나 봅니다.

강으로 이어진 고라니 길 수풀 덤불이 사라지고 안전한 초지가 나타났다.

마침내 '고 선생' 덕분에 강가 초지에 다다랐습니다. 추측한 대로 좁은 두 굽 발자국이 진흙 위 여기저기에 찍혔습니다. 고라니의 인도를 받아 횡단한 자연생태공원 갈대 습지. 기분이 참 묘했습니다. 뭐랄까요? 필자가 고라니의 몸과 눈이 된 듯한 착각이 일었습니다. 필자의 당황스러움과 우매함을 뒤로 하고 고라니의 생존과 지혜가 다가왔습니다. 갈대 숲속에서 헤매고 불안했을 때 그의 인도로 되찾은 안정과 희망. 고라니는 이런 가르침을 던지지 않았을까요?

'때로는 인간 중심에서 벗어나 자연의 관점으로 눈을 돌려보아라.'

강가는 피안(彼岸)의 세계처럼 평온하고 고요했습니다. 뒤로는 인적 없는 갈대밭. 앞으로는 흐름조차 잊은 잔잔한 강입니다. 반쯤 잠긴 돌에 발을 올리고 엉덩이를 초지에 부립니다. 푸릇한 새싹의 풋풋함과 비릿한 물 향기가 물씬합니다.

세상에 '나 홀로 있다'라는 생각은 얼마나 교만입니까? 지척에서 노니는 흰뺨검둥오리 무리, 보이진 않지만, 물속에서 유유히 헤엄치는 물고기들, 그리고 강가에서 꾸물거리는 수많은 수서곤충 ……. 그 모두가 자신의 위치에서 생명의 소임을 다하고 조화를 이루지 않습니까?

무엇보다 필자를 인도해준 고라니를 깊이 생각했습니다. 그가 닦은 길은 생존과 공존의 길이었습니다. 자기와 새끼를 위해 갈대 숲길을 열었습니다. 기꺼이 길을 돌아가는 수고로움도 마다하지 않았습니다. 조금만 길이 좁아도, 돌아가도, 그 불편함에 못 견디는 우리가 새삼 부끄럽습니다.

(2) 제월습지

'제월습지' 하면 대부분 고개를 갸우뚱합니다. "그런 습지가 있었나?" 하고요. 제월섬으로 더욱 많이 알려진 까닭입니다. 제월섬을 현지 주민들은 '똥섬'이라 부릅니다. 원래 개인 소유의 묘목 재배지로 활용되었던 곳인데, 곡성군에서 용지를 매입하여 자연 숲으로 가꾸어 관리하고 있습니다. 지금은 메타세쿼이아, 소나무, 느티나무 등 40여 종의 나무가 어우러져 제법 우거진 숲이 되었습니다. 덕분에 사시사철 새와 곤충의 보금자리가 되었습니다. 앞뒤로 섬진강(제월섬 앞으로 흐르는 강을 '앞강', 뒤로 흐르는 강을 '뒷강'이라 부르겠습니다)이 흐르니 뭇 생명이 서식하기에 최적의 장소입니다. 그래서 그런지 사시사철 직박구리, 휘파람새, 물까치,

제월섬 전경 섬의 앞뒤로 섬진강이 흐른다. 강 건너가 제월섬이다.

검은등할미새 등 많은 새가 모여들어 지저귀는 곳입니다. 새들만이 아닙니다. 유치원 꼬마들과 초·중학생들도 모여들죠. 잘 우거진 숲속에서 마음껏 자연을 체험하는 공간입니다. 성장하면서 자연의 소중함과 고마움을 체득합니다. 그야말로 초목에서 인간까지 생태계가 잘 이어진 모범적인 생태습지입니다.

그러니 생태적 관점에서 볼 때, '제월섬'보다 '제월습지'라 칭함이 더 자연스러울 듯합니다. 더구나 '섬'은 뭔가 격리되고 갇힌 의미를 갖습니다. '습지'라 하면, 강의 수변과 갈대밭을 아우른 열린 공간입니다. 물이 다다른 적셔진 땅은 모두 습지라 해야겠지요.

그럼, 물과 모래땅, 그리고 풀과 나무가 어우러진 '열린' 습지를 만나러 가볼까요?

제월습지 순창군 향가에서 곡성군 입면에 이르는 습지이다. 중간 쯤에 제월섬이 있다.

순창 향가에서 휘돌아 흐르는 섬진강은 곡성군 입면에 이르러 합강을 만나며 넉넉히 주변을 적십니다. 강물이 흐르는 곡성군 입면과 맞은편 남원시 대강면이 너른 평지이니까요. 합강에서 세종방교 아래를 흘러 제월섬을 거쳐 휘돌아 살뿌리어살(청계동로 733 인근)에 이르는 구간입니다. 섬진강댐이 들어서기 이전, 강둑이 없었던 시절을 상상해 보세요. 눈부신 백사장으로 끝이 보이지 않았던 곳이죠. 너른 평야는 거부감 없이 흐름을 받아들이고, 강물은 넉넉히 대지를 적시며 생명을 키웠습니다. 섬진강댐이 들어서면서 수량이 현격히 줄고 유속이 느려지니, 모래톱에 달뿌리풀과 버드나무가 자라면서 너른 습지가 형성되었습니다.

어찌 보면 입면과 대강면 사이를 흐르는 구간이기에 '입면습지', 혹은 '대강습지'라 일컬어 마땅하겠지요. 하지만 이미 '제월습지'가 일부 통용되는 터라 그리 부르겠습니다.

섬진강을 따라 제월섬 옆을 지나가던 840번 지방도는 서봉리 방면으로 방향을 틀며 섬진강과 멀어집니다. 섬진강 바로 옆에 길고 묵직하게 웅크린 공장지대가 앞을 가로막기 때문입니다. 금호타이어 곡성공장(1989년 설립)입니다.

840번 지방도를 버리고 섬진강 제방을 따라 합강까지 걷습니다. 강변을 걸으면 백로와 왜가리의 한가로운 비행을 자주 만납니다. 강을 따라 쉽게 눈에 띄는 장면입니다. 강물의 흐름이 멈춘 듯 고요할 때면 소리 없이 찾아드는 부드러운 움직임이죠. 탁 트인 공간이라 조화롭고 평화롭게 느껴집니다.

제방 아래로 왕버들이 어우러진 갈대숲이 형성되었고, 수변 쪽에 습지가 만들어졌습니다. 제방 쪽이 약간 지대가 높아 한창 육지화가 진행되고 있습니다. 칡과 환삼덩굴 등이 이를 대변해줍니다. 평소에 제방 쪽까지 물이 오르지 않다가 장마나 홍수가 나야 습지가 되는 곳입니다. 1990년 대까지도 인근 주민들은 이곳에서 참깨, 고구마, 땅콩 등 농작물을 재배하였습니다.

공장 부근을 지나 상류 쪽으로 세종방교에 이릅니다. 입면에서 대강면으로 넘어가는 다리입니다. 잠시 다리 아래 갈대 습지로 내려가 수변으로 향합니다. 강가까지 수초가 풍성하게 이어져 수변에서 한 걸음 옮길 때마다 출렁거립니다. 물과 뭍, 그 경계에 무성한 수초의 뿌리가 그물처럼 얽혀져 부드러운 디딤판이 된 덕분이죠. 물이 뭍을 침식하지 않고 뭍은 물에 어울리니 그 조화와 균형이 수초에 있는 겁니다.

자유롭게 굴곡진 수변에서 자라는 수초, 뭇 생명의 보금자리를 만들기에 부족함이 없습니다. 풍부한 유기물과 크고 작은 물고기들이 노니는 곳이니까요. 수초 사이에서 어린 개구리들의 '꾸르륵~ 꾸르르륵~' 소리가 이어집니다. 중대백로와 왜가리는 물론이고, 원앙, 흰뺨검둥오리, 검은등할미새, 물까치, 삑삑도요, 큰고니 등 다양한 새들이 수초 주변에 모여듭니다. 제방 쪽 버드나무에는 이미 직박구리, 오색딱따구리, 참새, 그리고 까치가 둥지를 틀었습니다.

수초를 자세히 들여다보면, 수초 사이사이에서 잉어의 산란을 목격할수 있습니다. 엊그제 제월섬에서 보았던 잉어 떼는 여기에 이르러 서로 엉기고 요동치면서 산란하고 수정을 마쳤습니다.[11] 중간중간에 수달과 삵을 만나며 목숨이 위태로웠겠지만, 새 생명을 이어가는 흐름은 계속됩니다.

---

11) 세종방교에서 만난 강태공 말에 의하면, 잉어 암수가 서로 엉기며 산란하는 장면을 목격했다 한다.

제월섬

사람들은 제월섬을 많이 찾습니다. 멋진 조망을 가진 함허정이 있기도 하고, 섬 주변 습지를 아주 가까이에서 관찰하기에 적절한 장소이니까요. 섬을 한 바퀴 둘러본 후 소나무와 메타세쿼이아가 어우러진 숲에서 맛보는 휴식도 최고입니다. 필자 또한 제월섬을 수도 없이 방문했습니다.

햇살이 무등산을 넘어오기 전, 이른 아침에 제월섬 습지에 와 보세요. 직박구리와 참새가 촬촬 거리는 강물 소리를 반주 삼아 노래합니다. 직박구리는 강너머 숲을 부지런히 오갑니다. 물이 오른 버드나무에 강물이 흐르니 정말 신났죠. 참새 역시 마찬가지입니다.

섬으로 들어가는 다리에 들어섭니다. 운이 좋으면, 다리 아래로 잉어 떼가 산란을 하느라 물을 거슬러 오르는 모습을 볼 수 있습니다. 물론 4월 중 얘기입니다. 다리 위쪽 상류 수변에서는 원앙과 흰뺨검둥오리가 무리 지어 유유히 헤엄치는 모습이 보입니다. 지난 2월과 3월에는 청둥오리도 자주 보였습니다. 그들이 노니는 수변은 물의 흐름이 느려지며 수초가 많아 먹이활동 하기에 최적의 장소죠. 원앙은 수서곤충이나 작은 물고기를 잡아먹습니다. 이와 달리 흰뺨검둥오리는 초식이어서 수초와 유기물을 걸러 먹습니다.

원앙의 수컷은 암컷의 눈길을 끄느라 눈부신 모습입니다. 흰 뺨 아래로 가슴까지 이어진 주갈색(朱褐色) 수염은 위엄과 화려함의 극치입니다. 목덜미의 초록과 극명하게 대비됩니다. 다른 새들과 달리 양 날개의 꽁지가 하늘로 치켜 올라가 수컷의 도도함마저 보입니다. 더구나 밝은 황갈색이어서 아주 도드라져 보이죠. 이 화창한 봄에 섬진강에서 어렵지 않게 그들을 만날 수 있어 다행입니다(아쉽게도, 인간이 가까이 다가가는 것을 허락하지 않아 그들의 모습을 담지 못했습니다).

4월이 시작되었지만, 갈대와 달뿌리풀은 작년의 빛바랜 모습을 떨치지 못했습니다. 하지만 새싹이 벌써 발목까지 오르고, 허공에는 왕버들의 버들개지와 새잎으로 생기가 가득합니다. 지난겨울의 이야기를 간직하며 새봄을 자연스레 맞이하는 흐름이 강물을 닮았습니다.

다리를 건너면 좌측 상류 쪽으로 섬이 끝나는 곳까지 갈대숲이 이어졌습니다. 이미 고라니 길이 열려 있어 그를 따라가면 뒷강에 닿습니다. 그곳에서 놀던 원앙과 흰뺨검둥오리가 황급히 달아나곤 하던 기억이 새롭습니다. 오늘은 평소보다 주의 깊게 접근합니다. 카메라를 켜고 자세를 낮추어 다가가는 거죠.

아! 그들은 이미 어디로 이동했나 봅니다. 대신 그 자리에 한 작은 새가 부지런히 얕은 물가를 걸어가며 연신 무언가를 쪼아 먹고 있습니다. 작은 몸이지만 부리와 다리가 꽤 길어 가능한 일입니다. 섬진강을 수없이 배회했지만, 처음으로 대하는 새이니 자못 가슴이 설렙니다. 상당히 떨어진 거리이고 갈대숲에 가려 잘 구분되지 않았지만, 도요새인 듯합니다(나중에 동정해보니 삑삑도요였습니다).

이제 갈대숲에서 나와 숲의 뒷길로 해서 함허정으로 가는 다리에 이르렀습니다. 위로는 산기슭에 함허정이 사뿐히 내려앉았고, 그 아래로 강물은 미동도 없이 잔잔합니다. 하지만 여기 다리 부근은 얕고 자갈이 많아 물소리가 요란합니다. 참 대조적이죠. 다리 위에 서서 정중동(靜中動)의 어울림을 느껴 봅니다.

이윽고 무등산을 넘어온 빛이 온 누리에 퍼집니다. 물 위의 묵은 달뿌리풀과 연초록 왕버들에 고루고루 찬란한 햇살입니다. 자갈과 어울려 출렁거리는 물은 수많은 물고기의 희롱을 닮았습니다. 벌써 황금색으로 치장한 달뿌리풀은 연초록 버드나무 아래서 몸을 녹입니다. 섬진강의 아침이 열리는 이 순간, 언제 보아도 황홀합니다.

"풍덩, 철~썩."
고요함을 깬 주인공은 수달입니다. 제월섬에서 처음 만나는 순간이죠. 얼른 카메라 앵글을 맞춥니다. 이제는 거의 반사작용에 가깝습니다. 순간에 사라지는 야생 동물에 반응하는 필자의 기민함도 야생에서 배운 실력입니다. 그런데 사라지기는커녕 여기에서 '풍덩~'하고 물속으로 들어가면 저쪽에서 나타나 '풍덩~'합니다. '뭐가 신나서 저렇게 혼자 놀지?' 하고 의아해하며 가만히 살펴보니 이유가 있었습니다. 물고기를 쫓느라 분주한 탓입니다. 필자가 가까이 다가가도 눈치를 못 챌 정도로 신났습니다. 그러고 보니 물고기가 한 마리가 아니라 여러 마리입니다. 이쪽에서 튀고 저쪽에서 튀니 수달도 집중이 되지 않는 모양입니다. 어쩌면 잡을 수 있는데도 데리고 노는 형국인지도 모르겠습니다. 아! 그런데 수달은 그 녀석만이 아닙니다. 다른 두 마리가 건너편 버들섬(다리 아래의 작은 섬) 수변을 훑으며 올라가는 모습이 보입니다. 물고기 떼를 만난 수달의 잔칫날입니다.
튀는 모습을 보니 물고기는 꽤 큽니다. 한참 동영상을 담다가 호기심에 못 이겨 강물에 발을 담갔습니다. 이른 아침 시간이라 차가웠지만, 다행히 견딜만 합니다. 접근하는 사이 이미 수달은 사라졌습니다. 그래도 물고기는 여전히 떼로 올라와서 주위에서 퍼덕거립니다. 말로만 듣던 황어 같기도 하고 숭어 같기도 하고 잉어 같기도 했습니다. 크기가 30cm 내외 정도였으니까요. 위에서 바라보는 데다 물살 때문에 짙은 회색 등이 쉴 새 없이 움직여 쉽게 분간이 가질 않습니다.

그러자, 물고기의 정체를 확인하고 싶어 안달이 났습니다. 그날로 낚시 용구점에서 뜰채까지 샀습니다. 잠도 설친 채, 다음 날 새벽에 다시 찾았습니다. 여전히 물고기 떼가 보이기는 했지만, 전날보다 현저히 적었습니다. 게다가 접근하면 멀찍이 반대편으로 우회하여 도망쳤습니다. 민첩하고 눈치 빠른 물고기를 너무 쉽게 보았던 겁니다. "나 잡아라~." 하고 기다려주는 물고기는 없습니다. 야생의 뭇 생명에게 그렇게 쉽게 접근하리라고 생각한 필자가 어리석었습니다. 야생은 언제 어디에서든 자기의 생명을 잃을 위험을 안고 있습니다. 그러기에 미물이라 할지라도 쉬이 인간의 접근을 허락하지 않음을 왜 몰랐을까요. 그들에겐 생명이 걸린 문제였는데 말입니다.

나중에 주변 사람들에게 문의해본 결과, 산란하려고 상류 수초 있는 곳으로 거슬러 오르는 잉어 떼였습니다. 보통 4월 하순이나 5월이나 되어야 나타나는 잉어 떼를 4월 초에 만난 겁니다 (나중에 4월 25일경 더욱 많은 잉어 떼가 2차로 올라왔다는 소식을 접했습니다).

해는 무등산 기슭을 훌쩍 넘어와 온 누리가 따뜻해졌습니다. 배낭과 뜰채를 챙기고 제월섬 숲으로 오르는 데크 길로 들어섰습니다.

"뭔가 잡으셨나요?"

돌아보니 초로의 한 어른이 평상에 앉아 있습니다.

"아, 예. 수달과 물고기 떼에 정신이 팔려 시간 가는 줄 몰랐습니다."

그러자 그분은 웃으며 고개를 끄덕입니다.

몇 마디 대화를 주고받다 서봉리 탑동마을(제월섬에서 상류 방향 약 2㎞)에 사는 분임을 알게 되었습니다. 잘 되었다 싶어, 이곳 섬진강 얘기를 청해 듣습니다. 당신을 허문회 제월섬 지킴이라고 소개하고 말씀이 이어집니다.

"지금은 갈대와 달뿌리풀, 그리고 버드나무가 자라는 습지이지만, 제가 초등학교 시절이던 60여 년 전에는 온통 하~얀 백사장이었습니다. 저 건너편 대강면의 너른 평야가 온통 백사장이었으니까요. 그 당시 수량도 많았고 물도 수정처럼 맑았습니다. 초등학교 시절 금호타이어 공장(제월섬에서 약 500m 상류 지점) 뒤쪽으로 소풍 가곤 했습니다. 앞강에 있는 저 주차장에서 공장까지는 논과 밭이 이어졌었죠. 땅콩, 참깨, 고구마 등을 심었죠.

봄이 오면 어른들은 솥단지며 그릇을 챙겨 백사장으로 나갔어요. 돼지를 잡고 전을 부쳐 신명 나게 봄맞이를 했지요. 어른들의 '화전놀이'였습니다. 우리 꼬마들은 덩달아 신나 너른 백사장에서 뒹굴다 무료해지면 강에 나가 족대를 들이밀고 물고기잡이를 즐겼습니다. 그때는 피라미며 모래무지가 많았죠. 지금은 섬진강댐과 농업용수로 수량도 많이 줄어 저렇게 갈대와 버드나무가 자라는 습지가 되었죠.

다행히 전에 볼 수 없는 생명을 볼 수 있어요. 개를 데리고 산책을 나오면 고라니가 달아나는 모습을 볼 수 있어요. 가끔은 노루와 사슴도 보입니다. 20여 년 전에 이 근처에 사슴농장이 있었는데 홍수로 사슴이 방사되었지요. 지금도 몇 마리 볼 수 있지요. 옛날에 볼 수 없었던 큰고니, 도요새, 가마우지, 청둥오리 등을 자주 목격할 수 있습니다. 물론 큰고니는 겨울 철새라 2월까지만 볼 수 있어요. 큰아버지 따라 백사장 강가에서 낚시하던 모습이 지금도 아른거립니다."

말씀 중간중간 건너편 산기슭 함허정을 바라보며 어슴푸레한 기억을 이어갑니다. 눈부신 백사장이 순창 향가에서 곡성 오곡면 압록까지 이어졌다는 말씀, 백사장 모래를 손으로 파서 구덩이에 물이 고이면 그대로 마실 정도로 맑았던 백사청류에 이를 땐, 향수의 정점에 다다르는 듯했습니다.

'아! 그 너른 백사장에서 뒹굴고 뛰놀던 고향 동무들. 지금은 어디서 무얼 하는지…… 하마 꿈엔들 잊힐리야~!'

제월섬에서 갈라지는 앞강과 뒷강이 다시 만나듯, 눈에 보이는 강과 가슴에 흐르는 옛 강이 애틋하게 교차합니다. 강이 무간의 백사장을 그리워하는지 사람이 옛 강을 보고파 하는지 모르겠습니다.

허문회 씨는 말씀을 마치고 생각이 났다는 듯이 주저하지 않고 일어나 함께 갈 곳이 있다며 따라오라고 손짓합니다. 당신께서 손수 운전하는 트럭을 타고 도착한 곳은 서봉리 탑동마을 입구. 느티나무 아래입니다. 얼른 보아도 수백 년은 족히 되었을 마을의 당산나무인 듯싶습니다.

"저 나무 둥치에 두 개의 구멍이 보이시죠. 원앙의 둥지입니다. 어미 원앙은 윗구멍을 통해 드나들고, 아래는 새끼 원앙들을 키우는 보금자리입니다. 새끼들의 안전을 위해서 어미는 평소에 위로 드나듭니다. 원앙은 해마다 이곳에 와서 알을 부화시키고 새끼들을 데리고 강가로 갑니다."

주변을 살펴보니 길 건너 논이 펼쳐졌고 옆으로는 섬진강으로 이어지는 하천이 있습니다. 새끼를 키워 강으로 나가는 최적의 보금자리이다 싶습니다. 서봉리 어른의 호의 덕분에 트럭 위에 올라 나무 구멍 속 둥우리를 사진에 담았습니다. 작년에 부화하지 않은 알 하나가 남겨져 있었습니다. 혼자 힘으로 찾아다닌다면 이런 귀한 생태의 현장을 찾을 수 있었을까요? 아마 어려웠을 겁니다.

원앙의 둥지 느티나무 둥치에 원앙의 보금자리가 있다. 아래 구멍에 둥지가 있고 어미는 윗구멍으로 드나든다.

살뿌리어살. 물길을 대각선으로 막고 아래 귀퉁이(사진 오른쪽 아래)는 대나무 살로 망을 만들어 물고기를 잡던 방식이다. 곡성지역 주변에서 성행하던 어살이다.

그는 여기서 그치지 않고 두 번째 장소를 안내했습니다. 도착한 곳은 청계동로 어느 식당 앞이었습니다. 점심을 먹을 때가 되었나보다 짐작했습니다. 그런데 차도 건너 섬진강을 가리킵니다.

"저것이 살뿌리어살입니다."

난생처음 들어보는 용어라 고개를 갸우뚱하며 강을 바라봅니다. 거기에 자갈과 달뿌리풀로 이어진 물막이 길이 보였습니다. 물길을 대각선으로 막고 아래 귀퉁이는 대나무 살로 망을 만들어 물고기를 잡던 방식이라는군요.

"제가 어릴 때 대나무 망이 있는 저곳에 물고기가 많이 모여들었던 기억이 납니다. 물고기가 많아 연중 어획량이 상당했습니다. 붕어, 잉어, 은어, 누치, 빠가사리, 참게 등이 잡혔지요. 저 어살은 비가 많이 와도 떠내려가지 않아요. 신기하죠? 바위와 달뿌리풀이 강바닥에 단단히 박혔습니다."

2020년 8월 대홍수 때에도 떠내려가지 않고 그 자리를 굳게 지키고 있었다고 합니다. 이 살뿌리어살은 조선시대부터 섬진강댐이 생긴 1960년대까지 이용되었다 합니다. 곡성읍 청계동에서 오곡면 압록까지 곡성지역 주변에서 성행하던 어살이었습니다.

＊ 제월습지의 내력, 원앙의 보금자리, 그리고 살뿌리어살의 현장까지 생태의 현장을 생생히 기록할 수 있도록 손수 안내해주신 허문회 선생님께 깊은 감사를 드립니다.

(1) 기수역

섬진강을 따라 하류로 내려가면 좌로는 하동, 우로는 광양에 이릅니다. 강의 하구역(河口域)에 해당하죠. 이 지역은 기수역(汽水域)이기도 합니다. 민물과 바닷물이 교차하는 지역이죠. 다행히 섬진강은 하구역에 수문이 없습니다. 강이 내어주는 아낌없는 소통 덕분에, 바다에 살던 생명들도 깃듭니다. 기수역은 벚굴, 재첩, 산란기 참게 등의 서식지일 뿐 아니라, 은어, 연어, 황어 등 회귀성 물고기에게 생명줄과 같습니다. 강에서 태어난 치어는 바다에서 일생을 보낸 후 산란기가 되면 강으로 돌아오지요. 그래서 자기가 태어난 강을 모천(母川)이라 합니다. 그런데 바닷물

기수갯고둥. 일반 갯고둥에 비해 길이가 짧고 오동통하다. 소하천이 섬진강과 합류하는 지점에서 찾아볼 수 있다

에서 살았던 물고기가 단번에 강물로 올라갈 수 없습니다. 염분 농도를 조절하는 삼투압 조정기가 필요합니다. 그곳이 기수역입니다. 사람으로 치자면 아이에서 어른으로 갑자기 넘어갈 수 없잖아요? 그 충격을 완화하는 청소년기가 있다고 생각하면 될 듯싶습니다.

섬진강 기수역의 대표적인 생물로는 기수갯고둥과 붉은발말똥게를 들 수 있습니다.

기수갯고둥은 소하천이 섬진강과 합류하는 지점에서 찾아볼 수 있습니다. 재첩잡이 현황을 살피느라, 하동읍 광평리 소하천 인근을 살피던 중 만난 기수갯고둥. 무심코 강가에 서 있던 차에 한 어민이 소개해 준 고둥이었죠. 갯고둥은 비교적 가늘고 길어, 일반 고둥과 비슷한 형태를 띠죠. 이에 반해 기수갯고둥은 길이가 짧고 오동통합니다. 크기는 어른 손톱만 합니다. 기수역의 풍부한 유기물을 걸러 먹으며 성장하죠..

횡천강 하구 갯벌습지의 붉은발말똥게 갈대밭과 갯벌이 교차하는 개흙에 구멍을 파고 산다.

붉은발말똥게는 섬진강과 샛강이 합류하는 갈대 갯벌습지에서 볼 수 있습니다. 섬진강에서 갯벌이 본격적으로 나타나기 시작하는 지점은 하동포구공원 하단입니다. 횡천강이 섬진강과 합류하는 지점이지요. 합류 지점에서 횡천교 아래를 지나 횡천강 하구에 접어들면 갈대 습지가 나타납니다. 여기에 멸종위기종인 붉은발말똥게가 삽니다.

필자가 방문했던 날은 봄비가 부슬부슬 내리는 5월 18일이었죠. '비가 오면 게들이 밖으로 나오려나?' 하는 의문을 품은 채 방문한 갈대 습지. 다행히 붉은발말똥게가 기어 다니고 있었습니다. 진짜 말똥 냄새가 나는지 어떤지는 모르겠지만 집게발뿐 아니라 몸통 역시 붉은 건 확실했습니다. 갈대 바로 밑 꾸덕꾸덕한 개흙에 구멍을 파고 여느 게처럼 경계의 눈을 게을리하지 않던 모습이었죠. 이곳 횡천강 하구는 바닷물이 드나드는 섬진강 하구역에 맞닿은 기수역입니다.

붉은발말똥게는 여느 바닷게와 달리, '염분 농도가 높은 해수에 오래 있으면 스트레스 지수가 높아서 죽게 된다.'[12] 합니다. 이것은 강 하구와 합류하는 샛강 하구에 붉은발말똥게가 주로 서식하고 있는 점을 보면 알 수 있습니다. 섬진강 하구와 만나는 횡천강 합류 지점이 붉은발말똥게의 전형적인 서식지라는 점이 입증된 셈이죠. 현재 붉은발말똥게는 환경부 멸종위기 야생생물 Ⅱ급으로 분류되어 보호받고 있습니다. 최근 들어 연안 해안의 개발과 간척으로 강 대부분이 둑으로 막혀 붉은발말똥게가 급격히 사라지게 된 연유입니다. 섬진강의 붉은발말똥게 역시 강 본류로 흘러드는 횡천강의 하구를 둑으로 막았다면 벌써 사라지고 말았겠죠?

---

12) 백용해, 『한국의 게(갯벌편)』, 녹색습지연구원, 2014.

하동읍 내에서 섬진강을 바라보다 보면 눈을 의심하는 장면이 가끔 목격됩니다. 강을 따라 오르내리는 갈매기가 눈에 뜨이죠. 밀물 때 바닷물이 역류하면서 보이는 현상입니다. 최근에는 하동읍 북단 흥룡리까지 바닷물이 올라옵니다. 섬진강에 면한 하동읍 전체가 기수역이 되었다는 의미입니다. 예전에는 송림공원의 아래, 광평리 정도까지 바닷물이 올라왔다는데 바닷물의 역류가 전에 비해 심해졌다는 얘기입니다. 이렇게 된 데에는, 농·공업용수, 생활용수, 그리고 발전용으로 많은 수량이 중·상류에서 빠져나가기 때문입니다. 광양 앞바다에 건설된 광양제철소도 해수 유입의 큰 원인이 됩니다. 최근에는 다압취수장의 일일 취수량의 한계를 놓고 수자원공사와 하동·광양 어민들과의 논쟁이 끊이지 않습니다.

횡천강 하구 횡천강이 섬진강과 합류하는 지점이다. 멀리 횡천교가 보인다.

　기수역 하동·광양 어민들의 주요 소득원은 재첩, 벚굴, 참게 등입니다. 강물에 유입되는 해수량의 정도에 따라 큰 영향을 받는 생태계입니다. 즉, 하구역의 염도[13]는 재첩, 벚굴, 참게 등의 생존과 번식에 결정적인 영향을 미칩니다. 염도가 너무 올라가면 기수역에서 생존이 어려워집니다. 강물의

13) 염도의 단위는 천 분위 퍼밀(‰)을 이용한다. 가령, 염도 16‰이라면, 물 1,000L에 염분이 16L가 섞였다는 의미이다. 기수역 생태에 알맞은 염도는 보통 10～20‰ 범위에 있다.

하동, 광양의 기수역 강물과 바닷물이 만나는 영역이다. 이곳에서 서식하는 재첩, 벚굴, 그리고 참게 등이 어민들의 주요 소득원이다.

수량이 어민들에게 민감할 수밖에 없는 이유입니다. 물론 회귀성 물고기의 산란을 어렵게 하는 요인이기도 합니다.

　농·공업용수와 댐 건설로 강물의 흐름이 왜곡된 오늘날, 기수역은 우리에게 이렇게 말하는 듯합니다.

　"강물이 온전히 흘러 바닷물과 소통하는 게 자연의 이치임을 잊지 마!"

하동 갈대 습지 칠게, 농게, 방게, 그리고 짱뚱어를 관찰할 수 있다.

(2) 갯벌습지

섬진강 하구 갯벌은 어떤 모습으로 생태계가 살아있을까요?

하동 갈대 습지를 시작으로, 하구로 내려가면서 조개섬, 고포마을 갯벌, 그리고 망덕포구까지 차례로 살펴볼까요?

신월리에 들어서면서부터 강변은 모래사장이 아닌 갯벌이 펼쳐집니다. 하동 섬진강 갈대 습지입니다. 섬진강 하구에서 제일 상류에 형성된 갯벌 습지입니다. 갯벌에는 갈대가 무성합니다. 갈대 습지는 횡천교에서 신월 교차로 부근까지 섬진강 변을 따라 길게 이어집니다. 앞서 언급한 붉은발 말똥게가 서식하는 곳이기도 하지요.

기수역 갯벌습지는 강과 바다, 그리고 육지를 이어주는 제3의 지대입니다. 담수와 해수, 그리고 육지 생물의 생태계를 연결하는 고리이지요. 기수 역에서 살아가는 생물뿐 아니라 이곳에서 살아가는 모든 생명의 터전입니다. 물론 갯벌습지 역시, 습지가 세상에 안겨주는 혜택 그 이상입니다.

짱뚱어 몸과 비교하면 머리가 지나치게 크고 머리 꼭대기에 눈이 위로 툭 튀어나와 이름만큼 보기에도 우스꽝스럽다. 가슴지느러미를 이용하여 기어 다닌다.

하동 갈대 습지에서는 발에 펄을 묻히지 않고도 개흙에 의존하는 생물을 관찰할 수 있습니다. 펄을 가로질러 데크 길이 잘 조성된 덕분이지요. 흔히 볼 수 있는 칠게, 농게, 방게, 그리고 짱뚱어를 관찰할 수 있습니다.

4월 봄날 썰물 때 갯벌에 나가보면, 2~3cm의 자그마한 짱뚱어가 여기저기 꼬물거립니다. 가을이 되어 성장하면 18cm에 이릅니다. 몸과 비교하면 머리가 지나치게 크고 머리 꼭대기에 눈이 위로 툭 튀어나와 이름만큼 보기에도 우스꽝스럽습니다. 가슴지느러미를 이용하여 기어 다닙니다. 사람이 가까이 다가가면, 몸과 지느러미를 놀려 쏜살같이 사라집니다. 급하면 갯물 위도 날 듯이 도약하여 달아나지요. 규조류와 동물 플랑크톤 먹이를 주로 먹으며 6~8월에 산란합니다.

경계심으로 치자면 칠게를 따를 녀석이 없습니다. 머리에 있는 미세한 털과 물결을 타고 오는 소리를 통해, 멀리서 사람이 다가오기도 전에 자기가 파놓은 구멍으로 그야말로 게눈감추듯 사라집니다. 갯고랑 근처에서 몸을 물속에 숨긴 채 긴 눈을 수면 위로 올려 침입자를 경계하는 모습도 보입니다. 마치 잠수함에서 잠망경만 수면 위로 올려 사방을 경계하는 모습 같지요.

5월 12일 썰물 때 다시 하동 갈대 습지를 찾았습니다.

갈대밭 너머 뻘밭에서 허리를 굽히고 뭔가를 잡는 두 아주머니가 보입니다.

"뭘 잡으세요?"

"맛조개!"

허리를 굽힌 채 돌아오는 대답입니다. 호미로 개흙을 뒤지다 철사를 구멍에 넣는 모습이 보입니다. 맛조개 구멍이 발견되면, 화살 모양의 철사

개흙의 유기물을 걸러 먹는 칠게

를 이용해 구멍 속을 찍어 잡습니다. 맛조개는 밀물 때 물이 차면, 구멍의 위쪽으로 올라와 물속의 유기물을 걸러 먹습니다.

하동 갈대 습지에서 섬진강 변을 따라 3km가량 내려가면 조개섬에 닿습니다. 주교천이 섬진강과 맞닿은 곳입니다. 1980년대 광양국가산업단지가 들어서기 전엔 이곳의 바닷물 유입이 그리 심각하지 않아 이곳에서도 재첩잡이가 성행했다 합니다.

섬 입구엔 작은 갯벌이 있습니다. 사람의 움직임을 포착한 무수한 게와 짱뚱어가 어지럽게 흩어집니다. 우리는 그들을 관찰하기 위해 갯벌과 제방의 경계에서 미동도 하지 않고 30분 넘게 기다렸습니다. 이윽고 우리를 피해 구멍으로 도망쳤던 녀석들이 하나둘 슬금슬금 모습을 드러냅니다. 여전히 경계심을 늦추지 않는 모습으로 구멍 가까이에서 천천히 움직입니다. 아! 그런데 이게 웬일입니까? 한두 번 개흙의 유기물을 집어먹던 녀석들이 약속이라도 한 듯 일제히 하얀 집게발을 오르내리는 모습이 보입니다. 도대체 무슨 몸짓인지 귀엽기도 하고 놀랍기도 합니다.

그들은 다름 아닌 콩게입니다. '콩처럼 아주 작은 게'라는 의미입니다. 나중에서야 알았지만, 리듬체조를 하듯 양 집게발을 들어 오르내리기를 반복하는 이유는, 그들의 영역 표시이기도 하고, 수게가 암게에게 짝짓기를 원한다는 구애의 동작이라 합니다. 정말이지 신기하고 앙증맞기 그지없습니다. 섬진강 하구에서 놓칠 수 없는 진풍경입니다(이후 망덕포구 갯벌에서도 같은 모습이 여러 번 관찰되었습니다).

콩게의 춤 리듬체조를 하듯 양 집게발을 오르내리기를 반복한다. 그들의 영역 표시이기도 하고, 수게가 암게에게 짝짓기를 원한다는 구애의 동작이기도 하다.

다시 발길을 옮겨 섬진강 하구역인 고포마을 갯벌에 다다랐습니다. 망덕포구가 지척입니다. 요즘은 마을 사람들이 농사일에 바빠 갯벌에는 통 발걸음을 안 하는 모양입니다. 강둑은 풀이 무성하고 갯벌엔 농게와 칠 게로 그야말로 좌~악 뒤덮였습니다. 하구 갯벌이 건강하게 살아 있어 반 갑기도 하네요. 여기에서 만난 붉은발농게의 붉은 집게발은 보기에도 정 말 멋졌습니다. 녀석은 자기 몸체보다 큰 붉은 집게를 어찌나 소중히 여기 는지 감탄을 자아낼 정도였습니다. 쉴 새 없이 개흙의 유기물을 걸러 먹는 중간중간에도 작은 집게로 큰 집게발을 쓱쓱 문지르며 신경 쓰는 모습이 었거든요. 수컷 농게의 상징이자 암컷을 차지하기 위한 최고의 무기이니까 요. 지금은 확연히 볼 수 없지만, 여름에 와서 관찰해보면 번식기에 들어 간 큰발농게 수컷들의 치열한 힘겨루기를 볼 수 있습니다. 암컷을 차지하 느라 자기 몸집만 한 큰 집게발을 치켜들어 상대를 위협하고 제압하지요.

붉은발농게의 붉은 집게발 큰 집게발은 수컷 농게의 상징이자 암컷을 차지할 수 있는 최고의 무기이다. 오른쪽 게가 암컷이다.

　마침내 바닷가와 만나는 망덕포구에 닿았습니다. 해안가 모래 갯벌에 보일락 말락 한 무엇이 꼼지락거리는 모습이 여기저기에서 포착됩니다. 엽낭게입니다. 카메라로 확대해 보면 그 과정이 적나라하게 보입니다. 우선 모래 개흙을 입속에 쉴 새 없이 집어넣습니다. 유기물은 걸러 먹고 사이사이에 모래흙은 거품과 함께 동글동글 경단을 만들어 내뱉습니다. 여기저기에 산재한 경단 무더기가 예술입니다. 모래 갯벌에 추상화를 멋지게 연출한 풍경입니다. 이렇게 모래 갯벌을 끊임없이 일구어 놓는 부지런한 엽낭게 덕분에 갯벌은 더욱 건강해지지요.

하동포구공원에서 망덕포구에 이르기까지 갯벌에서 만난 게들의 향연은 섬진강의 갯벌이 생생하게 살아있음을 보여줍니다. 섬진강 하구는 갯벌이 만들어질 수 있는 적절한 조건을 갖추고 있습니다. 평균 수심이 얕고 조수 간만의 차가 큰 덕분에, 섬진강의 하구에 흙모래가 흘러들어 넓고 완만한 갯벌이 형성됩니다. 이렇게 만들어진 갯벌에는 식물 플랑크톤을 토대 삼아 수백의 식물과 동물이 살아갑니다.

망덕포구 모래 갯벌의 엽낭게 유기물은 걸러 먹고 사이사이에 모래흙은 거품과 함께 경단을 만들어 내뱉는다.

섬진강 하구에서 관찰된 농게, 칠게, 그리고 맛조개 등은 개흙에 의존해서 유기물을 걸러 먹으며 자랍니다. 콩게와 재첩도 유기물을 걸러 먹습니다. 물론, 그의 주 터전은 개흙이 섞인 강물 아래 모래밭이지요. 그러니까 섬진강의 갯벌과 모래는 풍부한 유기물을 간직한 소중한 생태계 기반입니다.

한양대학교 연구팀은 갯벌에서 가장 흔한 칠게가 갯벌에 어떤 영향을 미치는지 실험[14]한 바 있습니다. 한쪽에는 칠게를 차단한 구역과 다른 한쪽에는 칠게가 자유롭게 드나드는 구역을 설정하여 12시간이 지난간 후 그 성분을 분석했습니다. 그 결과, 두 구역 간에 미세 조류의 양에서 확연한 차이를 보였습니다. 즉, 칠게가 드나드는 구역에선 미세 조류가 적절히 조절되었지만, 칠게가 차단된 지역에서는 미세 조류가 넘쳐났습니다.

칠게는 미세 조류를 섭취하여 유기물을 배설합니다. 만약 칠게가 없어진다면 강에서 흘러온 영양염류나 오염원이 걸러지지 않고 바로 연안으로 흘러 들어감을 의미합니다.

갯벌에 서식하는 각종 저서생물 덕분에 강의 환경은 정화되고 순환되며 건강한 생태계가 유지됩니다. 강은 생명을 보듬고 생명은 강을 지킵니다.

강과 바다를 드나들면서 무수한 생명을 품고 길러내는 섬진강 하구! 소통과 순환의 현장입니다.

---

14) 한양대학교 해양융합과학과 현정호 교수가 이끄는 연구팀이 2013년 인천광역시 강화군 황산도 갯벌에서 칠게를 대상으로 실험했다.

3장

습지의 보전

2023년 4월, 곡성과 구례 구간의 강둑을 걷다 보면 온통 제방 공사를 하느라고 중장비 소리로 요란합니다. 2020년 여름 대홍수로 유실된 제방을 복구하고 정비하는 중입니다. 특정한 구간은 아예 제방 공사를 새로 하다시피 진행하고 있습니다. 제방의 유실을 막느라 하방의 둑을 넓게 암석으로 기반을 다집니다. 그 위에 다시 계단형 층을 만들어 견고한 제방을 쌓습니다.

농업을 근간으로 삼는 섬진강 유역 사람들에게 홍수 예방을 위한 제방 보강공사는 생계와 직결됩니다. 문제는 인간과 생태 하천의 공존입니다.

둑의 유실을 막기 위해 제방의 하부를 넓게 하는 것까지야 이해하지만, 강과 수변의 경계를 일직선으로 내는 건 좀 문제입니다. 물론 그렇게 공사하는 것이 편리하고 홍수 예방에도 나쁘지 않을 겁니다. 문제는 물이 쉬어갈 곳이 없으니 유속이 빨라지고 이끼와 수초가 터전을 잡지 못하겠죠. 앞에서도 보았지만, 수변의 수초는 생태계에서 중요한 역할을 합니다. 수초로 유속이 느려지면서 유기물이 쌓여 물고기와 새들을 불러모으니까요. 제방의 하부를 자연스럽게 굴곡지게 하고 수초를 심어줌으로써 자연과 인간이 공존하는 모습을 보고 싶습니다.

섬진강댐이 생기고 난 후 섬진강은 옛 모습을 많이 잃었습니다. 댐이 생기면서 거대한 호수[옥정호]가 생겼고 저수량의 상당량이 영산강 쪽 칠보댐으로 보내집니다. 수자원공사에서 전기를 생산하여 판매하고 있죠. 섬진강댐 바로 아래 임실 지역은 강이라기보다는 시냇가에 가까울 정도로 수량이 적습니다. 주변의 습지는 육지화되어가면서 칡, 환삼덩굴, 그리고 개망초 같은 식물이 자랍니다.

강의 수량 유실은 상류의 댐에서 끝나지 않습니다. 중·하류로 내려가면서 전라도의 농·공업용수와 생활용수로 엄청난 양의 강물이 빠져나갑니다. 섬진강 하류에 있는 다압취수장의 일일 취수량은 최대 40만t에 이릅니다. 취수는 여수국가산업단지와 전남 동부권의 생활용수로 활용되고 있습니다. 이로 인해 광양·하동의 재첩잡이 어민과의 갈등은 지금도 계속되고 있습니다. 영산강만으로는 호남의 농·공업용수와 생활용수 수요를 감당할 수 없다는데 근본적인 문제가 있긴 합니다.

습지는 적셔진 땅입니다. 당장은 젖은 땅이 아니더라도 가까운 시일 내에 적셔질 가능성을 갖고 있어야 합니다. 그래야 습지식물뿐 아니라 수서곤충과 양서류 같은 생물이 생명을 이어가죠. 그런데 수량이 줄어들고 물에 젖는 기간이 줄어들면서 습지의 기능을 상실해가고 있습니다. 곡성에 이르면 너른 습지의 곳곳이 육지화되어가는 모습을 볼 수 있습니다. 습지가 없어지고 있다는 건 습지에 서식하는 동·식물이 사라지고 있음을 의미합니다. 생물의 다양성이 줄고 일부 동·식물의 멸종으로 생태계가 교란되어 우리의 삶이 어려워질 수 있습니다.

곡성의 제월습지와 반구정습지를 통해 습지 보전의 중요성을 돌아봅니다. 어느 봄날, 제월습지를 관찰하던 차에 다리 아래서 다슬기를 잡는 한 할머니를 만났습니다. 이런저런 얘기 끝에 제월섬 얘기에 이르렀습니다. 할머니는 10여 년 전 그 섬에서 밭을 경작했다 합니다. 그런데 당시 곡성군에서 섬의 보존 관리를 위해 국유지 매입이 이뤄졌다 합니다. 할머니는 그 밭을 헐값에 팔아서 지금도 속상하다고 하소연합니다.

습지 보전이라는 관점에서 보면 어떨까요? 제월섬은, 인근 주민들의 경작지로 사용되었던 사유지였습니다. 2018년에 곡성군에서 섬진강 살리기 사업으로 용지를 매입하였죠. 이후 지자체의 노력으로 당단풍, 소나무, 잣나무, 삼나무, 메타세쿼이아, 백합나무, 편백 등 수십 종의 나무를 심어 지금은 우거진 숲이 되었습니다. 덕분에 물까치, 직박구리, 휘파람새 등 다양한 새들이 깃들어 삽니다. 숲과 습지의 풍부한 먹이와 물이 있으니 새들의 서식 환경이 매우 양호해진 덕분입니다.

그뿐만 아니라, 자연 상태로 복원된 숲에서는 어린이들을 위한 '꿈놀자학교' 등 환경 프로그램이 운영되고 있습니다. 어릴 때부터 자연을 접하고 그 소중함을 익히는 체험 행사의 중요성은 더 말할 나위가 없습니다.

제월섬의 건강한 숲 복원과 환경 교육 사례가 더 많은 사람에게 습지 보전의 중요성을 알리는 계기가 되었으면 좋겠습니다.

그런가 하면 곡성의 반구정습지는 아쉬움을 넘어 안타까움을 지울 수 없는 사례입니다. 습지의 좋은 조건을 갖추었음에도 습지의 대부분이 사유지이고 경작지로 이용되고 있기 때문입니다.

반구정습지는 석곡면의 남부를 휘돌아 흐르는 하천과 보성강이 만나는 합류점 부근에 있습니다. 습지 남쪽으로는 너른 들판이 펼쳐져 있습니다. 이른바 '행기미들'이라 불리는 곳이죠. 보성강의 수량이 많고 제방이 없던 시절엔 모두 습지였습니다. 이제는 사유지가 된 지 오래고 경작지로 탈바꿈했습니다. 지금은 수량이 적은 하천에만 의지하는 바람에 반구정습지조차도 그 기능이 미약해졌죠.

습지의 북쪽에 있는 반구정 일원도 사유지입니다. 하천과 바로 접해 있어 소유주의 민원도 자주 제기되는 곳입니다. 반구정습지에 다다르려면 이 사유지의 땅을 밟아야 하는데, 지자체와 합의가 잘 이루어지지 않아 접근조차 쉽지 않은 상황입니다. 습지의 남북으로 사유지에 꽉 끼어 있어 활로가 쉽지 않아 보입니다. 습지 보전의 어려움을 잘 보여주는 대목입니다.

사유지를 매입해 습지를 보전하기 어렵다면, 지금 남아있는 습지나마 잘 보호해야 하겠죠. 이 조치가 바로 습지보전법입니다. 2000년에 시행되었죠. 이때부터 습지보호지역으로 지정된 습지는 법의 보호를 받게 되었습니다. 하지만, 법의 보호는 최소한의 조치입니다. 습지의 생태계가 촘촘하고 풍부해지려면, 습지의 중요성을 인식하고 자연과 공존하려는 우리 모두의 노력이 절실히 요구됩니다.

곡성의 반구정습지 습지의 조건을 잘 갖추고 있지만, 남북으로 사유지에 꽉 끼어 있어 활로가 어려워 보인다.

강의

제 4 부

생명

소통의 강, 섬진강!

섬진강은 5대강 중 유일하게 하굿둑에 막혀 있지 않다. 기수역이 잘 살아있다. 기수역에 황어, 은어, 연어 등 회귀성 어류가 찾아든다. 그들에게 기수역은 생명줄과 같은 존재다. 섬진강 참게 역시 그렇다. 기수역이 있어 참게가 존재한다. 기수역에서만 산란할 수 있기 때문이다.

기수역에 서식하는 생물 중, 재첩은 하동 광양의 주민에게 중요 자원이다. 재첩은 모래 속 유기물을 걸러 먹으며 자란다. 모래가 많은 섬진강에 재첩이 풍부한 이유다. 자연히 재첩은 하동 광양 어민의 역사와 궤를 같이한다. 거랭이를 이용한 손틀어업은 최근(2023년)에 세계중요농업유산(어업 분야)으로 지정되었다. 전통 어업이 현대에도 이어짐은 강과 인간의 공존을 잘 보여주는 대목이다.

인간이 균형과 조화 속에서 자연의 일부로 순환의 자리를 지킬 때, 강의 생명은 축복으로 다가온다.

1장

소통의 강

　봄과 가을이면 강물을 거슬러 오르는 물고기 떼가 장관이었습니다.
향가에서 압록까지 섬진강은 황어와 은어로 바글바글했지요. 참게도
많았습니다. 황어는 3~4월에, 은어는 9~10월에 산란하러 강의 상류로
올라왔거든요. 반대로 참게는 9~10월에 산란하러 강 하구로 내려갑니다.
거기에서 성장한 참게가 이듬해 봄에 다시 올라오지요. 지금은 강의 중간
중간에 높은 보가 설치되어 이젠 곡성 땅에서 눈 씻고 찾아볼 수 없지요.

곡성군 입면에 거주하는 허문회 씨의 회고입니다. 그의 어린 시절(1960
~1970년) 섬진강은 끝없이 이어진 모래 자갈, 맑은 물을 타고 튀어 오
르던 물고기들의 추억입니다.

강물에 사는 생명은 봄과 가을에 이동합니다. 안정된 수온과 수량을
보장받을 수 있기 때문이지요. 이즈음에 황어, 은어, 그리고 연어와 같은
물고기는 상류로, 상류로 거슬러 오릅니다. 천적이 없는 안전한 장소를
물색해야 하기 때문입니다. 그들의 물길과 보금자리를 아낌없이 내어주고
새 생명을 싹틔우게 해주는 모태는 섬진강입니다. 생명이 마음껏 드나드
는 소통의 강입니다.

1. 은어의 귀향

4월!

마침내 강물과 바닷물의 수온이 엇비슷해지는 시점이 왔습니다. 은어가 소상하는 시기가 왔음을 의미하죠.

지난가을(9월 하순~11월 초순) 어미 은어는 강 하구에서 이들을 낳았습니다. 알에서 부화한 치어는 한 달 정도 기수역에서 보낸 후, 연안 앞바다로 나가 길이 6~7cm까지 성장합니다.

기수역에서 일정한 적응 기간을 거친 후, 은어는 섬진강에 인접한 하천, 예컨대 화개천과 같은 지류를 거슬러 오릅니다. 회유성 물고기가 그렇듯이 은어도 소상 과정에서 무수한 난관에 봉착합니다. 천적과 인공구조물이 그 예입니다. 자기 몸의 몇 배 높이에 달하는 수중보에 맞닥뜨려 추락과 실패를 거듭합니다. 그래도 은어는 포기를 모릅니다.

섬진강 은어 강의 하구 지류에 찾아드는 은어는 15cm 내외에 불과하지만, 강의 중류까지 오르는 은어는 20~30cm에 이른다.

사투 끝에 목표물에 올라도 그를 기다리는 건 달콤한 휴식이 아닙니다. 왜가리, 백로, 해오라기 등 포식자들이 기다리고 있지요. 낚시꾼도 예외는 아닙니다. 그래도 일생의 목표를 향해 앞만 보고 길을 열어갑니다.

하천을 거슬러 오르면서 여름 동안 부쩍 성장하였습니다. 크기도 15~30cm에 이릅니다. 강의 하구 지류에 찾아드는 은어는 15cm 내외에 불과하지만, 강의 중류까지 오르는 은어는 20~30cm에 이릅니다. 그만큼 힘이 세니까 멀리까지 거센 물살을 거슬러 오른다고 봐야겠지요.

연해에서 성장하는 치어 시기에는 작은 곤충이나 동물 플랑크톤을 잡아먹었습니다. 그에 알맞게 이도 원뿔 모양이었죠. 성장하면서 강으로 돌아오면 식성도 바뀝니다. 바위에 부착된 규조류를 뜯어 먹지요. 이때가 되면 이도 먹이에 맞게 빗살무늬로 바뀝니다. 환경이 바뀌니 먹이도 바뀌고 이빨의 형태도 알맞게 변화합니다. 놀라운 적응력입니다.

9월!

여름내 바위 자갈밭에서 영역을 지키며 몸을 살찌웠습니다. 가을이 찾아오면서 수컷은 혼인색으로 변합니다. 밝은 청회색이 검게 변하고 머리와 몸 사이에 세로로 오렌지색을 갖습니다. 바야흐로 번식기가 온 겁니다. 이때면 천적을 피해 하천 상류로 소상하여 물살이 있는 여울에서 산란합니다. 암수의 격렬한 몸부림을 통한 수정이 이루어집니다. 오직 이 순간을 위해 태어났다는 듯이 최선을 다합니다.

기력을 다한 은어는 서서히 죽음을 맞습니다. 생명을 잇는 소임을 다했습니다. 자기의 몸마저도 다른 생명에 보시하여 자연의 순환에 순응합니다. 생명에서 생명으로 이어지는 엄숙하고도 숭고한 모습입니다.

2. 연어의 여정

'북태평양 어미 연어 회귀량 조사 (10.01~11.30)'

올해도 섬진강에 플래카드가 걸렸습니다. 연어의 산란 철인 10~11월에 맞춰 평사리공원 앞 섬진강에 그물이 놓였습니다. 해마다 섬진강으로 회귀하는 연어를 포획하여 회귀량을 조사하기 위함이죠. 전라남도 해양수산과학원 섬진강어류생태관에서 주관하는 행사입니다.

섬진강어류생태관에서 주관, 연어 포획 장면 연어의 산란 철인 10~11월에 맞춰 평사리 공원 앞에서 섬진강으로 회귀하는 연어를 포획하여 회귀량을 조사한다.

일반 사람들은 섬진강에 연어가 돌아온다는 사실을 잘 모릅니다. '섬진강 은어'는 많이 들어봤어도 연어의 회귀는 낯설지요. 자연 산란하여 회귀하는 사례가 별로 없는 탓입니다. 이러한 점을 염려하여 우리나라는 매년 연어를 포획하여 인공 수정시켜 치어를 방류합니다. 방류하는 치어의 수는 수백만 마리에 이릅니다. 이 중 회귀하는 연어는 1만~2만 마리에 불과하죠.

우리나라로 회귀하는 연어는 북태평양 연어입니다. 연어의 이동 경로를 보면, 동해 ~ 쿠릴열도 ~ 캄차카반도 ~ 베링해 ~ 알래스카 연안에 이르기까지 약 2만 km에 이릅니다. 베링해와 알래스카 연안을 오가며 성장한 연어는 약 3~4년 후에 산란을 위해 우리나라를 찾습니다.

회귀율이 1% 미만이라 실망할지 모르지만, 이동 거리와 그 과정을 알면 얼마나 험난한 여정인지 머리를 주억거리게 됩니다. 해풍과 조수 간만의 차로 인한 거센 물살과 드센 해류에 맞서는 건 기본입니다. 곳곳에 도사린 바다표범이나 상어 등 무수한 천적을 맞닥뜨리며 끊임없는 사투를 벌입니다. 모천(母川)에 이르러서도 여전히 주변의 천적을 만납니다. 그런데도 모천을 향한 여정에 조금도 굴함이 없죠. 세대를 이어가기 위한 몸부림입니다. 치열함입니다. 거대한 자연의 순환을 극적으로 보여주는 위대한 여정이 아닐 수 없습니다.

강원도 양양 남대천을 찾는 연어를 예로 들어볼까요? 연어는 쉴 새 없이 하천을 거슬러 오릅니다. 이유는 하나입니다. 하천 상류에서 산란해야 알을 훔쳐먹는 천적의 수가 적기 때문입니다. 문제는 도중에 만나는 천적과 인공구조물입니다. 특히, 수중보는 넘어설 수 없는 장벽이죠. 대부분 보에 어도가 설치되어 있지만, 그 또한 대부분 무용지물입니다. 어도가 너무 급경사여서 턱이 높거나 물살이 너무 센 탓입니다. 장벽을 넘고자 하는 연어의 몸부림은 거기까지입니다. 중도에서 보금자리를 만들고 산란합니다. 하천의 중·하류엔 천적이 너무 많습니다. 수정을 마친 알을 어미가 모래 자갈로 덮기도 전에 성장기의 황어나 검정망둑이 달려듭니다. 연어의 알은 꽤 큰 크기여서 그들이 아주 좋아하는 먹입니다. 우리나라의 자연 산란 부화율이 지극히 희박한 대표적인 사례입니다.

섬진강의 연어 회귀율은 0.1%에 불과합니다. 강원도 남대천과 같은 동해의 하천보다 회귀율이 상대적으로 더 낮습니다. 동해를 돌아 남해에서 거슬러 오르는 여정은 더욱 멀고 험난한 여정이기 때문입니다. 2023년엔 605마리(2022년엔 457마리)가 돌아왔습니다. 2022년 대비 회귀율이 30% 증가하였습니다.

섬진강은 우리나라 5대강 중 유일하게 하구에 댐이 없습니다. 덕분에 강과 바다가 자유롭게 소통하여 기수역이 잘 살아 있습니다. 그뿐만 아니라 강의 중·하류 곳곳에 모래가 많아 물이 맑고 유기물이 풍부합니다. 강물의 용존산소량이 풍부하여 어류가 서식하기에 적합합니다.

이젠 물고기의 입장으로 돌아가 막힘없는 흐름을 복원시켜야 합니다. 수중보를 설치한 자리엔 어도를 더욱 길고 완만한 자연 형태로 되돌려야 합니다. 산란기에는 철저한 보호책도 뒤따라야겠죠. 인간의 필요에 따라 설치된 인공구조물이 자연의 흐름을 거스르는 일이 반복되지 않았으면 좋겠습니다.

섬진강 연어!

섬진강뿐만 아니라 지류에서도 친숙하게 만날 수 있으면 얼마나 좋을까요!

섬진강 참게 9~10월 산란철이 되면 기수역으로 내려와 산란한다.

3. 참게의 여행

참게[15]가 강의 상류와 기수역을 오간다는 사실을 아시나요?

섬진강 중·상류나 지류에서 성장한 참게는 기수역을 향해 머나먼 여정을 시작합니다. 가을(9~10월)이면 산란을 위해 하동의 기수역으로 향하는 게지요. 참게의 특성상 민물에서 산란할 수 없어, 산란기가 되면 기수역으로 먼 길을 떠납니다.

15) 여기에서 '참게'는 섬진강에서 서식하는 참게를 의미한다. 섬진강 참게는, 우리나라 동해안과 남해안에 서식하는 '동남참게'에 속한다. 참게에는 참게, 동남참게, 애기참게, 남방참게 등 4종이 있다.

섬진강 하구에서 겨울을 보내고 짝짓기합니다. 기수역에서 일주일 정도 염도 조절을 마치면 산란합니다. 이때가 4~6월에 해당합니다.

산란 후 약 10일이 지나면 조에아 유생 단계에 이릅니다. 다시 한 달이 지나면 어린 참게의 형태를 갖추게 됩니다. 여기에서 다시 10개월 정도 지나 참게의 모습을 갖추면 마침내 강을 거슬러 여정에 오릅니다.

야행성인 참게는 낮보다 밤에 주로 물가를 따라 이동합니다. 참게의 모습을 갖췄다 하나, 아직 1년이 안 된 어린 참게입니다. 넘어야 할 장애물도 많습니다. 특히 수중보는 넘기 어려운 가장 큰 장애물이죠. 수직으로 된 콘크리트 보나 거센 물살이 대표적인 예입니다.

이뿐이 아닙니다. 참게에게 수달은 무시무시한 천적입니다. 물가 어디서나 나타날 수 있는 천적을 피하는 행운을 빌 뿐이죠. 모래와 자갈이 많은 섬진강엔 다슬기가 많습니다. 참게가 좋아하는 먹이입니다. 그 참게를 다시 수달이 잡아먹습니다. 다슬기─참게─수달로 이어지는 먹이사슬입니다.

사실 참게에게 가장 무서운 대상은 인간일지 모릅니다. 물가를 이동하는 참게의 특성을 이용해 곳곳에 통발, 혹은 자망이 설치됩니다. 참게의 이동기인 5~6월과 9~10월에 볼 수 있습니다. 참게에겐 뿌리칠 수 없는 유혹입니다. 이때 가장 많은 희생이 따르죠.

이렇게 수없는 난관을 헤치고 강의 중·상류와 지류에 이르면 자신들이 살아갈 터전을 만듭니다.

참게는 수심이 1m 이내인 자갈밭을 좋아합니다. 바위와 돌 밑에 모래를 파고 집을 짓습니다. 수온이 25℃ 이상이 되면 먹이 활동이 왕성해집니다. 먹이는 모래를 뒤져 유기물을 섭취합니다. 잡식성이지만 육식을 더 좋아합니다. 특히 죽은 물고기는 그가 좋아하는 먹입니다.

참게는 딱딱한 껍질을 가진 갑각류입니다. 그러면 어떻게 몸을 키울까요? 답은 껍질 벗기에 있습니다. 약 4년을 사는 동안에 20회에 걸쳐 허물을 벗습니다. 그때마다 더 크고 튼튼한 갑옷으로 갈아입죠.

9월! 참게는 여름을 나면서 통통해지고 살이 올랐습니다.
그동안 보금자리를 만들고 부지런히 먹이활동을 하였습니다. 다음 세대를 잇기 위한 영양 보충을 충분히 끝냈습니다. 참게는 강의 하구로 갈 때가 왔음을 감지합니다. 기수역에서만 알을 낳을 수 있기 때문입니다. 이동은 주로 밤에 이루어집니다. 야행성인 탓이죠.

참게가 때가 되어 산란을 위한 이동을 할 수 있는 건, 날씨에 따른 수온 변화를 감지하기 때문입니다. 이동은 물의 흐름을 타고 둥둥 떠서 헤엄쳐갑니다. 그러다 중도에 물소리나 빛을 만나면 바닥에 몸을 숨기기도 하지요.
산란 시기가 되면 강의 적정 수량이 중요합니다. 산란기에 이동이 원활해지고 그만큼 산란 장소가 많아지기 때문이죠. 한국수자원공사의 섬진강댐 수량 조절과 중·하류 취수량 관리가 잘 연계되어야 하는 이유입니다.

참게는 환경오염과 무분별한 남획 등으로 근래에 그 수가 급감하였습니다. 현재 참게의 자원 보호를 위해 허가받은 어부만이 참게를 잡을 수 있습니다. 예컨대 구례 간전교에서 하동 남도대교까지 참게를 잡을 수 있는 어부는 5명입니다. 자망을 사용할 때 망의 규격은 5cm 이상이어야 합니다. 아울러 자망은 강폭의 2/3 이내에 한정됩니다.

인간이 자연의 혜택을 받을 수 있는 건 조화와 균형이 유지될 때 가능합니다. 참게의 자연 산란을 통해 개체수가 유지되도록 참게를 보호하는 노력이 절실한 때입니다.

2장
하동 재첩

1. 재첩잡이 풍경

강 가운데 하얀 물길이 생겼습니다.

광양 섬진나루터에서 섬진교까지 약 400~500m 이어졌습니다. 하얀 물거품이 만들어낸 길이죠. 잠시 후 거품을 만든 주인공이 나타납니다. 강가의 벚나무 아래 가려져 있던 선외기[16]가 막 강 중앙으로 나온 순간입니다.

"윙윙~ 우-우 윙~."

최상급 모터(250cc)를 자랑이라도 하듯이 멀리서도 소리가 작지 않습니다. 아직 사람들이 식사도 하기 전 이른 아침입니다. 그렇게 강줄기를

---

16) 선박의 선체 외부에 붙일 수 있는 추진 기관으로 간단한 조작으로 선박의 선체에서 쉽게 분리할 수 있는 기계 장치.

훑듯이 서너 시간 왕래합니다. 형망이 묵직해지면 배가 작은 원을 그리며 빙글빙글 돕니다. 쇠틀에 부착된 그물에 함께 들어온 개흙과 모래를 털어내는 작업이죠.

  선외기가 그리는 하얀 물줄기는 멀리서 보면 참 평화롭습니다. 버드나무가 우거진 강가를 따라 푸른 강물 위에서 유유하게 물 흐르듯 떠다니는 어선. 한 폭의 그림 같죠. 하지만, 재첩을 잡는 어민들에겐 생계 수단일 뿐입니다, 방금 지나간 자리에 남은 하얀 물거품조차도 그들에겐 민감합니다. 강물의 염도를 말해주니까요. 염도는 강에 기대어 사는 사람들에게 중요한 수치입니다. 그에 따라 재첩의 생산량이 결정되기 때문입니다.

2. 갱조래, 재첩

재첩은 자그만 조개입니다. 하동 사람들은 '갱조래'라고도 합니다. '강조개' 정도의 의미이죠. 기수역, 즉 강물이 바닷물에 섞이는 지역인 하동·광양에 많이 서식합니다. 10~20일간의 유생기에 물속을 떠다니다가 펄이 섞인 모래에 들어가 유기물을 먹으며 큽니다. 재첩의 서식 환경은 보통 염도 16퍼밀 내외입니다. 이 범위를 벗어나면, 즉 염도가 너무 낮거나 높아도 재첩의 서식에 알맞지 않다는 얘기죠.

강조개, 재첩 강물이 바닷물에 섞이는 하동·광양에 많이 서식한다.

먼 옛날부터 재첩은 강에 기대어 사는 사람들에게 중요한 식량원이었습니다. 1년 중 가장 배고프던 시절이 햇보리가 나오기 직전인 음력 4월경입니다. 이때 강조개가 제법 크고 맛이 오를 무렵이어서 강 사람들에게 귀한 대접을 받았습니다.

재첩잡이가 주로 이루어지는 곳은 송림공원 인근, 섬진대교 인근 광평리, 섬진나루, 그리고 상저구와 하저구입니다. 과거엔 조개섬이 있는 고전면까지 재첩잡이가 이루어졌으나, 염도가 높아져 서식지가 강 위쪽으로 올라갔습니다. 횡천강이 섬진강에 합류하는 지점의 위쪽, 그러니까 하동공원 부근이 재첩잡이가 이루어지는 하한선입니다. 최근 강물의 수량이 줄면서 바닷물이 흥룡리까지 올라가는 실정입니다.

　현재 선외기 작업으로 생산량이 가장 많은 곳은 하저구입니다. 필자가 방문했을 때(2022년), 어선 가득 채취한 재첩을 아주머니 네 명이 허리를 굽히고 쉴 새 없이 체질하고 있었습니다. 선외기를 이용한 재첩잡이는 하동·광양의 각 마을 구역별로 어선 6척이 허가를 받아 운영합니다. 강의 중간선을 경계로 광양과 하동 어민들의 구역이 나뉩니다. 하동읍 사람들의 과반수가 재첩 관련 직종에 종사합니다. 재첩잡이부터 가공, 유통, 그리고 판매에 이르기까지 하동 사람들은 강이 내어주는 생명에 기대어 삽니다.

　그 작은 조개가 그렇게 인기를 얻게 된 것은 그 맛과 건강식을 찾는 사람들 덕분입니다. 뽀얀 국물에 담백하고 시원한 맛을 본 사람이라면 누구나 다시 찾습니다. 그뿐만 아니라 피로에 지친 사람들과 해장이 필요한 애주가에게도 단연 으뜸이죠. 재첩은 시기적으로 볼 때 5~6월에 잡힌 것을 으뜸으로 칩니다. 같은 양을 잡아도 가을에 잡힌 재첩(8월 중순~10월)은 봄에 잡힌 것의 ⅔ 가격 아래밖에 받지 못합니다. 그 이유는 봄에 잡힌 재첩은 국물이 진하고 구수하여 많은 사람이 찾는 덕분이죠.

4월 하순 따스한 봄날. 송림공원에 아침 햇살이 가득합니다.

하동 어민들은 너나 할 것 없이 커다란 함지박에 '거랭이'[17]를 싣고 강으로 나섭니다. 형형색색의 옷차림을 한 아낙네들의 행렬이 이어집니다. 바야흐로 썰물 때입니다. 사람들은 누가 구역을 정해주지 않아도 마치 제 위치가 정해진 듯이 자리를 잡습니다. 강에 들어갈 때는 장화를 신지 않습니다. 맨발이나 양말을 신은 채 작업하죠. 이는 발로 모래를 문지를 때 발바닥에 걸리는 조개의 감촉을 느끼기 위함입니다.

재첩잡이는 거랭이를 이용한 손틀어업과 형망을 이용한 선외기 어업, 두 방법이 동원됩니다. 물론 후자가 같은 시간에 훨씬 많은 양을 채취합니다. 선외기 어업은 거주지에 따라 하동군과 광양시 관청으로부터 허가받아야 합니다. 손틀어업은 하동·광양 주민이라면 기수역 어디서나 조업할 수 있습니다. 손틀어업은 2018년 국가 중요 어업 유산으로 지정하여 보호하고 있습니다.

필자가 2023년 5월 1일 하동읍 광평리를 다시 방문하였을 때, 마침 손틀어업을 세계 농업 문화유산으로 지정하기 위한 설명회가 현지에서 열리고 있었습니다. 국제연합식량농업기구(UN FAO) 산하 한 자문위원이 방문하여 관계자로부터 설명을 듣고 있는 장면을 흥미롭게 지켜보았습니다. 현지 실사는 손틀어업의 역사와 재첩잡이 과정에 대해 상세하게 설명이 진행된 뒤, 강에서 직접 재첩잡이를 해보는 체험 과정으로 이어졌

---

17) 섬진강 하동·광양 일대에서 재첩을 채취할 때 사용하는 도구.

거랭이로 재첩 잡이하는 모습

습니다. 그로부터 2개월 후(2023년 7월), '섬진강 재첩잡이 손틀어업'은 국제연합식량농업기구로부터 국내 어업 분야 최초로 세계중요농업유산(GIAHS)으로 정식 등재되었습니다. 세계적으로 손틀어업 보존의 중요성을 인정받게 된 것이죠. 오늘날처럼 첨단 디지털 문명사회에서도 변함없이 수백 년 전통을 이어온 재첩잡이 손틀어업! 소중한 우리의 문화유산이 아닐 수 없습니다.

재첩은, 사람들의 입에 다다르기까지 많은 사람의 땀과 노동이 들어갑니다.

먼저 거랭이로 채취하는 과정입니다.

거랭이는 대략 6～7kg 무게의 철제 틀입니다. 거랭이는 성별, 힘의 세기, 신장, 손의 방향 등에 따라 각기 다른 형태로 제작됩니다. 한 마디로 거랭이는 재첩잡이를 하는 사람의 지식체계가 고스란히 반영된 도구라 할 수 있죠. 이 틀로 모래흙 바닥을 긁으면서 강바닥을 훑습니다. 이때 손잡이를 어깨 한쪽에 얹고 거랭이를 잡아끕니다. 무거운 손틀을 어깨에 메고 강물의 흐름을 견디며 하루 6～7시간의 강바닥을 훑는 작업은 수행자의 모습을 닮았습니다. 허리까지, 때로는 가슴까지 차오르는 물살을 견디며 긁고 다녀야 한 움큼이 모입니다. 그러기를 백여 차례 반복하면 함지박에 웬만큼 쌓여가죠. 그야말로 고된 노동의 결실입니다.

다음은 선별 과정입니다.

손틀 작업에서는 소쿠리에서 광주리에 옮겨 담을 때마다 즉석에서 돌과 조개껍데기를 걸러냅니다.

선외기 작업은 다릅니다. 무차별로 끌어들인 채취물엔 돌과 이물질이 태반입니다. 채취 직후 그때그때 성긴 그물채로 대강 걸러냅니다. 채취작업이 모두 끝나면 강가에 대기하고 있던 여인들의 차례입니다. 이번엔 작은 돌과 조개껍데기를 채로 걸러냅니다. 최종적으로 선별기를 통해 기준 이하의 재첩이나 작은 조개껍데기 등을 걸러냅니다.

마지막 과정은 가공 및 포장 작업입니다.
재첩은 모래에서 서식합니다. 그러므로 재첩 안은 모래와 이물질이 섞여 있습니다. 가공 과정은 모래를 걸러내는 일련의 작업이라 해도 과언이 아닙니다. 5~6번의 가공 과정을 거치며 모래를 완전히 빼냅니다. 이후 뽀얀 재첩 국물에 순살이 담겨 포장됩니다.

재첩의 선별 과정에서 몇 시간을 허리 한 번 제대로 펴지 못하고 채질하는 아낙들의 모습이 자꾸 눈에 밟힙니다. 허리 통증을 이겨내려 파스를 붙이고 밴드를 허리에 두르고 작업합니다. 그리해도 작업이 끝나면 밤새 통증으로 몸살을 앓기 일쑤죠. 한 그릇의 재첩국을 즐기기까지 많은 분의 땀과 수고로움이 배어 있습니다.

광양·하동 어민들은 2020년에 큰 어려움을 겪었습니다. 그해 8월에 큰 물난리가 나서 재첩 대부분이 흙모래에 묻혀 폐사하거나 떠내려갔기 때문이죠. 이후 수확량이 거의 없어 어민들의 고통이 컸습니다.
중장비를 동원해 흙모래를 퍼내고 재첩의 종패를 뿌리는 일련의 작업을 통해서 재첩의 생태 복원에 힘쓰고 있습니다.

거랭이로 모래밭을 훑으며 재첩을 채취하는 행위는 강의 생태에도 도움을 줍니다. 모래 속 유기물에 산소를 공급해주어 이를 먹고 크는 재첩을 비롯한 먹이사슬을 건강하게 해줍니다.

어민들은 재첩이 일정 크기(1.2cm)를 넘지 않으면 잡지 않습니다. 또 재첩의 산란기(6~8월)를 보호함으로써 강의 생태가 잘 유지되도록 힘씁니다. 자연과 인간의 생태적 조화와 균형이 얼마나 중요한지 섬진강 주민들은 온몸으로 체득하며 살아갑니다.

오늘도 하동·광양의 어민들은 거랭이를 짊어지고 섬진강으로 발걸음을 옮깁니다. 수고한 만큼 내어주는 강의 넉넉함으로, 강과 사람이 하나가 되었습니다. 강의 생명성이 재첩을 키우고 사람을 품습니다.

강의 / 사랑

제 5 부

청둥오리 떼의 비상!

1m 가까운 날개를 퍼덕거리며 둔중한 체구를 일으켜 물을 박찬다. 고요하던 강의 습지가 소란하다. 겨울 강이 살아있음을 느끼는 순간이다.

청둥오리의 날갯짓을 뒤로 하고, 버들개지가 노랗게 꽃망울을 터트릴 즈음이면, 새들의 사랑이 무르익는다. 강가의 꼬마물떼새가 짝을 찾아 자갈밭을 종종거리고, 검은등할미새는 꽁지를 실룩거리며 새끼가 기다리는 둥지로 향한다. 원앙은 마을 어귀 느티나무에 둥지를 틀었고, 제비는 마을회관 모퉁이에서 부화를 기다린다. 강의 사랑 속에 생명은 생명으로 이어진다.

호곡마을에서 내려온 여인이 이고 온 볍씨 자루를 힘겹게 배에 싣는다. 이어, 자신도 줄배에 몸을 싣는다. 여인은 뱃전에 기대어 강물에 손을 담근다. 따스하다. 흐르는 강물이 그녀의 시름을 받아 흘러간다.

강은 결코 홀로 흐르지 않는다!

1장

새들의 사랑

1. 강가의 새들

2월의 어느 맑은 날. 300km를 달려와 곧장 침실습지를 찾았습니다. 겨울의 끝자락, 오랜만에 찾은 습지의 모습이 어떨까 몹시 궁금했던 게지요. 평소 가장 고즈넉한 곳으로 눈여겨 두었던 장소를 찾아갑니다. 퐁퐁다리를 건너기 전, 좌측에 옴폭 들어간 작은 연못입니다. 오곡천과 섬진강이 합류하며 만들어낸 오목한 곳이지요. 아! 마침 그곳에 청둥오리 수십 마리가 떼를 이루어 유영합니다. 먹이를 찾느라 머리를 주억거리다 이내 자맥질하며 꽁지만 보이는 녀석들. 습지의 겨울은 그들 덕분에 생기와 정감을 더합니다.

청둥오리는 잡식성이라 수서곤충이나 새우 등 가리지 않습니다. 수컷은 원앙만큼은 아니어도 자태가 확 눈에 띕니다. 비단결의 초록 머리가 선명합니다. 목과 날개 꽁지의 흰 줄은 주변이 검은 바탕이라 더욱 두드러집니다. 수컷의 털의 색이 바뀌는 것은 번식기가 가까워졌음을 말해줍니다. 암컷은 갈색으로 얼룩진 몸을 갖습니다. 녀석들은 어느새 몸을 틀어 연못을 벗어나 상류로 향합니다. 사람의 접근을 쉬 허락하지 않는 까닭입니다. 그마저 안심이 안 되었는지 날갯짓을 하며 물을 박차고 날아오릅니다.

청둥오리 떼의 비상!

그 힘찬 날갯짓으로 겨울의 한기는 저만큼 물러갑니다. 순간, '섬진강의 새들만 찾아다녀도 자연과 생명을 노래하기에 부족함이 없겠구나!'라는 생각이 들었습니다.

눈 덮인 침실습지에서 청둥오리 떼의 유유한 움직임은 무릉도원을 연상케 한다.

그날 이후 사흘 동안 청둥오리 떼를 만나기 위해 같은 장소를 찾았습니다. 저녁의 습지엔 달뿌리풀이 석양 노을에 물들어 온통 황금빛입니다. 물결이 살랑이는 습지의 강 위에서 노니는 청둥오리는 황금 달뿌리풀에 둘러싸여 마냥 자유롭습니다. 강의 흐름과 생명, 그리고 노을이 어울려 잔잔한 감동을 선사합니다.

사흘째 되던 날, 습지는 딴 세상입니다. 간밤에 내린 눈으로 그 대비가 눈이 부실 지경입니다. 거무튀튀한 버들가지와 누런 달뿌리풀에 하얗게 뒤덮인 습지. 그 속에 노니는 청둥오리들의 유유한 움직임은 한 폭의 무릉도원입니다. 물가는 잔잔하여 겨울 잔설의 풍경을 남김없이 투영하고 있죠. 얕은 물가 바위들 사이를 헤집으며 암수가 한데 어울려 유영하는 청둥오리. 자연과 생명이 조화로울 때 그 아름다움이 어떠한지를 보여줍니다.

제월습지의 모습도 크게 다르지 않습니다. 제월섬으로 들어가는 다리의 상류에서 10여 마리의 청둥오리 떼가 먹이활동을 하고 있습니다. 몇몇은 초지 덤불에 올라 휴식을 즐깁니다. 그중에 짝을 이룬 원앙도 보입니다. 다시 제월섬을 돌아 함허정으로 나가는 다리에 이르렀습니다. 제월섬 다리 너머 건너편 강둑 근처에 예닐곱 마리의 큰고니가 우아한 자태를 드러냅니다. 2월의 습지는 월동하는 새들의 휴식처이자 보금자리입니다.

4월의 첫날, 제월습지를 다시 찾았습니다. 아직 어둠이 가시지 않은 새벽 공기는 움츠릴 정도로 한기가 느껴집니다. 물안개와 안개가 뒤섞여 주위가 온통 뿌연 가운데 사방에 참새와 직박구리의 소리로 활기찹니다. 사이사이에 검은등할미새의 울음소리도 섞여 들립니다. 제월섬으로 들어가는 길목에 자갈밭이 있고 강가에 수풀이 있어 검은등할미새가 인근에 둥지를 틀고 있는 듯합니다. 대부분 새에게 봄은 번식기입니다. 그러니 이른 아침부터 분주할 수밖에요.

문득 엉뚱한 생각이 듭니다. '만약 강가에 새가 사라진다면 어떨까?' 하고 말입니다. 생기 없는 고요함 속에 봄의 활력 또한 사라지지 않을까요? 사람들은 기나긴 겨울을 뒤로 하고 산으로 강가로 산책을 나옵니다. 이때, '아! 주변에 이렇게 새들이 많구나!' 하며 새삼 감탄합니다. 사람들처럼 새들도 봄의 활력에 기지개를 켜는 계절입니다. 그 생명의 근원엔 강의 숨결이 있습니다. 덕분에 풀과 나무의 푸릇함이 살아있고, 새들은 마냥 즐겁습니다. 어쨌든 섬진강에서 새를 지워버린다는 건 상상도 할 수 없습니다.

4월에 접어들면 청둥오리와 원앙은 간간이 보일 뿐입니다. 대신 봄이 한창 진행되면서 검은등할미새, 꼬마물떼새, 그리고 흰목물떼새의 번식기가 시작됩니다. 그들을 찾아 침실습지를 답사했습니다. 침실습지는 그 길이만도 십 리에 이르는 광대한 지역이라 며칠에 걸쳐 걷다 서다를 반복하며 관찰했습니다.

침실습지의 상류는 요천과 수지천이 섬진강과 합류하여 광활한 습지를 펼쳐 보입니다. 요천의 하구 인근 하도리 제방에서 수지천 너머 대사리 쪽을 바라보면 끝을 가늠하기 어려울 정도로 아득하죠. 섬진강 전체를 통틀어 가장 넓은 습지가 발달한 곳입니다. 대부분은 갈대숲과 버드나무 군락으로 어우러진 습지입니다. 왜가리와 백로가 강 중간에 있는 버드나무섬 주변에서 물고기 사냥하느라 정지된 물체처럼 서 있습니다. 언제라 도 목표물이 나타나면 총알처럼 날아가 낚아챌 태세입니다. 흰뺨검둥오 리 서너 마리도 보입니다. 물 위를 유영하며 부지런히 먹이활동을 하느라 바삐 움직입니다.

"삐~익 삑"

익숙한 소리가 들립니다.

순간, 며칠 전 제월섬에서 만난 검은등할미새 울음소리가 떠오릅니다. 얼른 카메라를 꺼내고 조심스럽게 주위를 둘러봅니다. 뭔가 움직임이 포착되었습니다. 아주 작은 새여서 얼른 구분되질 않습니다. 카메라 방향 을 맞춰 확대해 보고 속으로 깜짝 놀랐습니다.

"아! 흰목물떼새다."

그렇게 찾아다니던 새였습니다. 며칠 동안 검은등할미새는 여러 번 만났지만, 흰목물떼새는 한 번도 만나보지 못한 터였습니다.

그런데 이 녀석, 장난이 아닙니다. 하도 걸음이 빨라서 방심하는 사이 놓쳐버렸습니다. 강둑 위(하도리 마을회관 인근)에서 저 아래를 보고 확 대 줌으로 당겨 찍다가 놓쳐버린 겁니다. 주변을 살펴보았으나 허사였습 니다. 하는 수 없이 강둑을 내려와 수변의 수초와 강가의 생태를 살펴보 았습니다. 갈대숲인 곳에는 공사를 하느라 갈대를 베어버린 탓에 땅속 모래가 드러났습니다. 이곳이 원래 백사장이었음을 말해주죠.

한참 강의 풍경을 담고 있는데, "삐~익 삑" 다시 귀에 익숙한 음이 들려옵니다. 긴장감 속에 아까 그 주변으로 살금살금 다가갔는데, 이게 웬일입니까! 흰목물떼새가 바로 눈앞에 있습니다. 그것도 한 마리가 아닌 두 마리가 말입니다. 아마 암수 한 쌍인 듯싶습니다. 거의 비슷해서 구분이 쉽지 않습니다. 이번에는 놓치지 않으려고 더욱 조심스럽게 다가가 녀석들의 동태를 동영상으로 담았습니다. 걸음이 어찌나 빠른지 장면을 쫓아가느라 상체가 잔뜩 꼬일 지경입니다.

이곳은 공사를 마친 흙과 자갈이 있는 곳이라 물떼새가 있을 줄 몰랐습니다. 이른 아침인데다 인적이 드물어 짝을 맺을 찰나입니다. 산란 시기(3월 중순~7월 초순)이고 주변에 자갈밭과 모래밭이 있으니 이 근처를 산란 장소로 삼으려나 봅니다.

모래 자갈밭에 산란하는 꼬마물떼새와 흰목물떼새. 하지만 강의 수량이 줄어들면서 수생식물이 자라나 그들의 산란처가 점점 줄어들고 있습니다. 그나마 일부 남아 있는 산란처마저 하상 공사 등으로 서식처가 현격히 줄어들었습니다. 결국 흰목물떼새는 멸종위기 야생생물 Ⅱ급으로까지 내몰리게 되었습니다. 지금 하천 정비 사업으로 공사 중인 제방에 그들의 산란처를 마련하려 애쓰는 모습이 그 반증이기도 합니다. 가냘프고 어린 흰목물떼새가 인간의 위협을 받지 않고 맘껏 종종거리는 모습을 섬진강 어디서나 보았으면 좋겠습니다.

요천교를 지나 황탄정에 이르러 물가에서 다리쉼을 합니다. 물속에 무엇이 있나 작대기로 가만히 휘저으니 쉬고 있던 어린 개구리가 화들짝 놀라 어디론가 사라집니다. 그리고 보니 근처에서 "끄륵 끄르륵~" 반복음이 울리는 것은 아직 성체가 되지 않은 어린 개구리의 울음소리였습니다. 개구리 울음소리 하면 "개굴개굴~"하는 것이 전부인 줄 알았죠.

강 건너편에 백로 두 마리가 이쪽을 멀거니 바라보고 있습니다. 카메라를 보여도 괘념치 않고 느릿느릿 걸으며 먹이 사냥을 즐깁니다. 워낙 멀리 떨어져 있으니 안전함을 알고 있습니다. 바로 상류 쪽 왜가리는 정지 자세로 물가를 응시하고 있습니다. "이번엔 꼭 한 마리 잡아먹고야 말겠다."라는 결연한 의지가 엿보입니다.

목동리 근처에 다다를 무렵입니다. 어디선가 "가∼악 깍깍∼." 여러 마리의 새 울음소리가 소란스럽습니다. 강의 제방 아래를 보니 버드나무에 새들의 움직임이 부산합니다. 잘 살펴보니 물까치입니다. 섬진강 변에선 물까치떼를 자주 봅니다. 떼로 몰려다니며 먹이 활동하는 습성이 있습니다.

조금 더 하류로 이동하여 목동리에 이르렀습니다. 강 중간에 작은 섬이 이어져 있고 그 앞에 섬과 평행하게 자갈밭이 보입니다. 가던 길을 멈추고 가만히 귀 기울여 봅니다. 자갈밭이 보이면 할미새나 물떼새가 보일 확률이 높으니까요. 아! 정말 멀리서 울음소리가 들립니다. 틀림없이 저 자갈밭에 그들이 있나 봅니다. 부지런히 제방 아래로 내려갔습니다. 그런데 그사이에 검은등할미새 세 마리가 부산스레 움직이며 울음소리가 요란합니다. 필자를 심하게 경계하는 몸짓입니다. 상대를 진정시킬 겸 강둑에 가만히 앉아 기다렸지만, 그 친구들은 좌우로 날아가 버리고 정적만이 맴돕니다. 이대로 물러설 수 없다 싶어 가져온 간식을 꺼내먹고 한참을 기다렸습니다.

다시 자갈밭 어디에선가 울음소리가 들립니다. 아마 30분가량 지난 시간입니다. 카메라를 꺼내 초점을 맞춰보다 놀랐습니다. 세상에! 검은등할미새 두 마리와 흰목물떼새가 보입니다. 할미새와 물떼새는 서로 남 보듯이 지나칩니다. 서로를 경계하거나 의식하는 기색이 별로 없습니다.

평소에도 같이 지내는가 봅니다. 곧이어 흰목물떼새 한 마리가 더 포착됩니다. 아마 물떼새는 틀림없이 이곳에 둥지를 마련할 예정이거나 마련하였을 겁니다. 포란하고 있는 장면은 목격하지 못했습니다. 워낙 거리가 멀어서 파악하기가 어렵습니다. 물떼새는 암수가 서로 교대로 포란 하는데 지금은 그런 기색이 전혀 없습니다. 검은등할미새는 자갈밭 너머 버드나무섬에 자기들의 보금자리를 마련하였을 겁니다. 산란 장소가 약간의 차이가 있을 뿐 번식 시기와 새끼 키우는 방식도 흰목물떼새와 비슷한 점이 많습니다. 산란하고 육추하는 과정 내내, 암수가 역할을 분담하여 새끼를 키워내니 더욱 사랑스럽습니다.

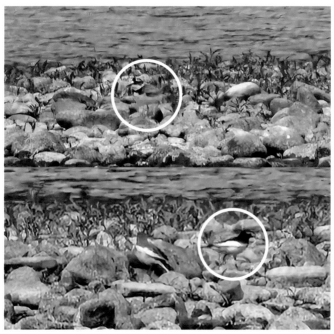

침실습지 상류
흰목물떼새

침실습지 상류
검은등할미새

2. 새들의 사랑

하저구에서 재첩잡이 전시장을 둘러보고 송림공원 초입에 들었습니다. 어디서 "삑 삐~익"소리가 들립니다. 순간 긴장을 하고 주변을 둘러봅니다. 꼬마물떼새 한 마리가 모래 자갈밭 둥지에 앉아 있습니다. '아! 드디어 포란 장면을 포착하는구나!' 싶어 카메라를 맞추고 살금살금 접근했죠. 참으로 설레는 순간입니다. 그러나 녀석이 떠난 둥지는 텅 비어 있었습니다. 어찌 된 일일까요? 가만히 생각해보니 짝짓기 바로 전이었나 봅니다. 꼬마물떼새는 수컷이 임시로 둥우리를 만들고 암컷에게 보여준다는 데 아마 그 단계였나 봅니다. 그러면 주변에 짝이 있겠다 싶어 주변을 한참 두리번거리며 수색하듯 다녔습니다.

그런데 난데없이 카메라에 들어온 대상은 물떼새가 아닌 검은등할미새였습니다. 한 마리도 아닌 두 마리의 검은등할미새. 한 마리가 날개를 늘어뜨리고 다른 한 마리의 주변을 돌고 있는 모습이었죠. 직감적으로 수컷이 암컷의 마음을 사려는 구애 장면임을 알았습니다. 오늘이 5월 1일이니 한창 번식의 계절입니다. 때가 맞아 운 좋게 암수의 구애 장면이 포착된 겁니다. 그나저나 수컷은 비굴할 정도로 두 날개를 낮추어 환심을 사려 하건만, 암컷은 마음이 없나 봅니다. 오히려 수컷을 쪼아서 쫓아냅니다.

지난 3월 28일, 섬진강어류생태관 인근 강가 자갈밭에서 포착한 검은등할미새가 떠오릅니다. 자갈밭에서 사방을 경계하는 모습이었죠. 입에 먹이를 물고 있는 것으로 보아 새끼를 키우고 있나 봅니다. 몇 번 좌우 경계의 고갯짓을 하더니 가까이에 있는 둥우리로 향했습니다. 풀숲과 자갈밭의 경계였죠. 강 이쪽에서는 할미새 몸통의 뒷모습만이 보이는 것으로 보아 새끼에게 먹이를 먹이고 있나 봅니다. 그 할미새가 수컷인지 암컷인지는 모르겠습니다. 검은등할미새는 암수가 비슷한 모양이고 새끼를 공동으로 키웁니다.

아까 구애하던 수컷이 다시 생각났습니다. 날은 더워가는데 어디서 제대로 짝을 만나려나…? 너무 도도하지 않은 암컷을 만나 귀여운 새끼를 낳았으면 좋겠습니다.

송림공원 강변의 꼬마물떼새 눈 둘레의 노란 테가 선명하다.

꼬마물떼새를 놓친 후에도 한참을 백사장을 훑고 다녔지만 허사였습니다. 포기하고 공원길을 거쳐 주차장에 이르렀습니다. 그래도 미련이 남아 공원을 떠나기 전 백사장에 다시 한번 귀를 기울였습니다. 멀리 어디선가 희미하게 "비~이익 빅"소리가 들려옵니다. 아내에게 들리냐고 물었더니 아무 소리도 들리지 않으니 빨리 돌아가자고 합니다. 환청인가 싶어 다시 귀 기울여 들어보니 분명히 물떼새(흰목물떼새나 꼬마물떼새[18]를 지칭)의 울음소리입니다. 멀리서 가느다랗게 들려오는 익숙한 울음소리. 아내에게 좀 기다려달라고 부탁하고 소리 나는 백사장 쪽으로 발길을 돌렸습니다.

여기서 잠깐, 여러분도 물떼새의 울음소리에 귀 기울여볼래요?

물떼새의 울음소리를 들어보면, 고음이면서 짧게 끊어지는 소리입니다. 물론 물떼새의 몸길이가 불과 20cm도 되지 않은 아주 작은 체구이니 고음으로 울려 나오는 건 어찌 보면 당연할지도 모릅니다.

그런데 음을 짧게 끊어 소리를 내는 이유는 무얼까요? 흰목물떼새와 꼬마물떼새는 둥지를 짓지 않고 그냥 자갈밭에 알을 낳아 키웁니다. 당연히 수시로 포식자에게 발각될 염려가 크겠지요? 근처에 있는 같은 종의 물떼새들에게 확실하게 경고가 되어야 하면서도 다른 동물들이나 지상의 포식자에게는 많은 정보를 드러내서는 안 됩니다. 필자는 물떼새 울음소리를 들었지만, 아내는 듣지 못한 것은 결코 우연이 아닙니다. 물떼새 울음소리에만 온 신경이 집중된 필자와 달리, 아내에게는 인식되지 않는 소리였습니다. 멀리서 희미하게 들리는 단절음이었으니까요. 과학자들은 작은 새들이 진화 과정에서 낮은음이 배제된 짧은 알람 울음으로 정착되었다는 사실을 밝혀냈습니다.[19]

---

18) 흰목물떼새의 눈 테는 연한 노란 색인 반면, 꼬마물떼새는 진하고 뚜렷한 눈 테를 갖고 있다.
19) 트리스탄 굴리, 《산책자를 위한 자연수업》, 이케이북, 2017, pp 298-299.

섬진교 부근 쪽 백사장으로 방향을 틀어 접근하니 그 소리는 좀 전보다 더 크고 분명하게 들려옵니다. 한 마리가 아닌 두 마리인 듯 귀 양쪽에서 들립니다. 카메라를 이쪽저쪽 돌리다가 드디어 물떼새가 무언가 품고 있는 장면을 잡았습니다. 때마침 비가 오고 강 건너에선 축제가 한창인지 꽹과리 소리까지 들립니다. 우산을 받쳐 들고 자세를 낮추어 조심스레 접근했습니다. 눈 둘레에 노란 테가 선명한 것으로 보아 꼬마물떼새입니다. 필자가 접근하자 점차 경계하는 울음소리가 커지고 급해집니다. 그 사이 근처에 있던 새끼를 불러들여 품 안에 품습니다. 아! 알을 품은 것이 아니라 새끼를 품었던 겁니다.

송림공원 백사장 자갈밭에서 꼬마물떼새가 새끼를 품고 있다.

필자가 좀 더 접근하자 어미는 황급히 도망합니다. 다급한 경계음을 높이며 새끼와 반대 방향으로 도망합니다. 그래도 위기 상황이 계속되자 어미는 양 날개가 부러진 시늉을 하며 주저앉아버렸습니다. 오직 자기에게 시선을 쏠리게 하려는 의태 행동입니다. 좀 더 접근하자 어미는 일어서서 다급한 울음소리를 내더니 황급히 날갯짓하며 도망합니다. 나중에 동영상을 통해 알았지만, 어미는 새끼 셋을 품고 있었습니다. 새끼를 살리기 위한 어미의 헌신적인 사랑이 얼마나 지극한지, 관찰하려는 필자가 미안하고 머쓱해졌습니다(관찰을 위해 불가피하게 접근했지만, 그 후 바로 자리를 떴습니다).

자연의 생명은, 인간이 아무런 의식 없이 모른 채 사는 동안에도, 별 불편 없이 그들대로 비밀스러운 행동과 삶을 살고 있지요. 그러면서 끊임없이 신호를 보냅니다. "우리는 너와 단단히 연결되어 있음을 명심하라!"라고 말입니다. 우리가 있어 그들이 있는 게 아니라, 그들이 있어 우리가 있음을 잊지 말라는 게지요. 그들은 우리가 의식 하건 하지 않건, 자연의 섭리대로 태고부터 지금까지 살아왔습니다. 공존과 조화의 방식에 따라서….

그런데 우리 인간은 어떤가요? 조금도 불편함을 참지 못합니다. 불이익이 오면 바로 외면해버리죠. 불과 몇만 년 전에 나타난 우리 현생 인류. 그의 출현으로 단 몇백 년 만에 '찬란한 문명'이라는 이름으로, 자연과의 균형과 조화는 무너졌습니다. 그 사실이 우리가 자연을 찾는 분명한 명분과 소임임을 깨닫습니다.

원앙의 둥지 내부 침입자가 접근하자, 어미가 품던 알을 솜털로 덮어 숨겼다.

  어미의 새끼 사랑엔 원앙도 빠지지 않습니다. 제월습지 인근 탑동마을 어귀 느티나무 둥치에서 원앙이 둥지를 틀었습니다. 그날 원앙의 포란 장면을 찍던 기억은 어제같이 생생합니다. 필자가 접근하자 어미는 둥지 위쪽으로 피신했습니다. 그 사이 어미는 품던 알을 솜털에 싸서 숨겼습니다. 솜털은 어미가 제 몸의 부드러운 털을 뽑아 알들을 보호하기 위해 둥지에 깔았던 털입니다. 알에서 떠날 때면 재빨리 솜털을 덮어 외부 침입자가 모르게 합니다. 새끼를 키우는데 희생적인 원앙의 눈물겨운 보호 본능입니다.

  둥지의 새끼가 외부에 드러날까 살피고 또 살피는 검은등할미새, 자기 날개를 부러뜨린 시늉으로 새끼를 구하느라 안간힘을 쓰는 꼬마물떼새, 그리고 자기의 털을 뜯어 새끼를 감싸고 헌신적으로 돌보는 원앙. 모두가 자연의 순환을 이어가는 숭고한 실존적 가치입니다. 강의 너른 품이 있어 생명의 지극한 사랑은 빛납니다.

3. 어미새 사랑

"안녕하세요? 서봉리입니다."

"아! 예. 반갑습니다. 무슨 좋은 소식이라도 있나요?"

"예. 드디어 원앙이 알을 낳아 품고 있네요. 와서 보시겠습니까?"

　서봉리 탑동마을 허문회 씨의 전언입니다. 첫 만남 후, 한 달 보름 만에 받은 반가운 소식입니다. 이런저런 생각할 겨를 없이 배낭을 챙겨 곡성으로 달렸습니다.

　생각해보면 지난 두 달은 거의 하루도 빠짐없이 곡성의 습지를 찾아 달려간 나날이었습니다. 하루라도 거르면 궁금해서 몸이 다 근질거립니다. 수달이 무얼 하나, 청둥오리는 사라졌을까, 뻑뻑도요가 나타날까, 검은등할미새는 여전히 다리 근처에 얼씬거리나, 물닭이 노닐던 자리엔 누가 찾아들까 ……. 결국 그들의 부름에 못 이겨 채비를 서두르곤 했습니다. 구례에서 제월까지 40㎞, 제법 먼 거리입니다. 그럴 때면 나를 일으키는 속삭임이 있습니다.

　'용인에서 그 열 배 가까운 섬진강도 수시로 달려오는데 뭘~.'

"올라와서 보세요. 원앙이 알을 품고 있어요."

　그 말을 듣는 순간, '정말 포란 장면을 포착하는구나!'라는 생각에 가볍게 가슴이 떨려왔습니다. 전에도 보았던 구멍 속은 너무 어두컴컴하고 퀴퀴한 냄새마저 납니다. 어린 시절 닭장 청소를 할 때면 났던 냄새입니다. 카메라를 가만히 구멍 속에 넣었으나 허연 솜털만이 보입니다. 어미가 어디 있나 카메라를 움직여보았으나 찾지 못했습니다. 어미는 이미 한쪽 구석으로 몸을 숨기고 있었습니다. 그러다 순간 어미의 푸드덕거림이 요란하더니 둥지 위쪽 공간으로 피해 숨어버립니다. 조심한다고 했지만, 예고 없이 들이닥친 침입자를 내칠 힘이 없음을 알아챈 어미는 재빨리 위쪽 둥우리로 다시 피신합니다. 그 사이에도 솜털로 알을 숨기는 걸 잊지 않았습니다. 자신의 목숨보다 알의 보호가 먼저였던 겁니다. 미안한 마음에 서둘러 내려왔습니다.

"8개의 알을 낳았어요. 평소엔 13개 정도 낳는데 올해는 누가 둥우리 입구를 막아서 좀 늦은 탓인지 덜 낳았네요."

그는 2주 전 둥우리가 막혔던 사건을 상기시켜 주었습니다. 누구인지 모르지만, 스티로폼으로 입구를 막아서 원앙이 제때 들어갈 수 없었던 겁니다. 정상적인 산란이 어려웠으리라는 얘기입니다. 합리적인 추론입니다.

최근 몇 년간 원앙의 산란을 지켜본 허문회 씨의 자연 사랑이 고맙게 느껴집니다.

"알을 낳고 4주간의 포란이 끝나 부화하면, 새끼들이 차례로 저 높은 곳에서 낙하합니다. 옛날에는 시냇가였지만 지금은 시멘트로 복개된 길에 떨어지죠. 잠시(1~2분) 기절한 후 깨어나 어미를 따라 논을 건너 시냇물을 타고 섬진강에 이릅니다."

포란 한 지 5~6일이 지났다고 가정할 때, 약 3주 후면 새끼들이 알을 깨고 세상에 나올 겁니다. 아마 6월 10일 전후가 되겠죠. 그때가 바로 모내기를 한 직후쯤 됩니다. 원앙은 어떻게 그 절기를 정확히 체득하고 있을까요? 신기할 뿐입니다. 논에 물이 차야 원앙과 새끼들의 이동이 원활할 뿐만 아니라 쉽게 먹이활동을 즐길 수 있을 겁니다. 자연의 섭리를 따르는 원앙이 놀랍습니다.

　허 선생님은 내친김에 또 다른 포란 장면도 보여주겠노라고 손짓합니다. 마을회관에서 제비가 알을 품었다고 귀띔합니다. 마을회관은. 마을 입구에서 보면 맨 끝의 집입니다. 제비 둥우리는 하나도 아니고 둘이었습니다. 회관의 양쪽 귀퉁이에 천장과 닿을락 말락 지어진 제비집. 지푸라기와 진흙을 타액에 이겨 정성껏 지은 둥지입니다. 마침 제비가 포란 하는 장면이 잡혔습니다. 우리가 접근하자 화드득~ 건너편으로 날아 난간에서 우리를 주시합니다. 경계의 눈초리가 강렬합니다.

서봉리 마을회관(곡성군 입면)의 귀퉁이 둥우리에서 제비가 알을 품었다. 둥우리 위 검은 돌출 부분은 제비의 머리이다.

"한 개의 알이 있네요. 아주 자그마해요."

"아, 그렇군요."

이번엔 차마 올라가서 확인할 염치가 없었습니다. 어미가 빤히 지켜보는 터였습니다. 빨리 자리를 비켜주는 것이 최소한의 예의일 듯 싶었기 때문입니다.

요즘 도시에서는 제비 보기가 어렵습니다. 거의 사라졌다 해도 과언이 아니죠. 제비 먹이인 날곤충이 많이 사라졌다는 말일 수도 있고, 아파트 숲으로 변한 탓에 제비가 마땅한 둥우리를 찾지 못하는 것도 원인입니다. 번식기인 5월. 제비는 뱀과 같은 천적을 피해 처마 밑에 집을 짓습니다. 한옥이 사라지니 제비도 많이 사라졌지요.

2023년은 전국적으로 5월 4~5일에 많은 비가 내렸습니다. 남부는 100mm가 넘게 내렸으니 봄비치곤 많이 왔습니다. 비 온 뒤 풍경이 궁금하여 다시 침실습지를 찾았습니다. 퐁퐁다리가 이미 넘쳤었는지 다리 위에 잔 나뭇가지와 검부러기가 물결 모양의 자국을 남겼습니다. 우리가 방문한 5월 7일은 물이 좀 빠진 상태였습니다. 그래도 다리 난간에 차오를 듯 물결이 넘실거리니 아내는 겁을 내며 접근하려 하지 않았습니다. 두려움이 일기는 필자도 마찬가지였습니다. 용기를 내어 다리에 섰으나 다리가 휘청거릴 정도로 바람이 세어, 우산은 홀랑 뒤집히고 말았습니다. 겨우 수습하고 습지의 풍경을 담을 수 있었지요.

그날은 다른 날 볼 수 없는 광경이 목격되었습니다. 수많은 제비가 빠른 속도로 물 위를 낮게 날면서 하루살이를 잡아먹는 장면이었습니다.

물 위를 스치듯이 날면서 곤충을 잡아먹고 급선회를 반복합니다. 워낙 빠르고 급회전하기도 하여 카메라로 포착하기가 매우 어렵습니다. 날쌘 제비의 비행! 옛날 같으면 아주 흔한 장면이었겠지만, 말 그대로 옛날에 벌어졌던 잊힌 장면이라 새삼 신기하고 놀라울 뿐이었습니다. 지금 와 생각하면 산란을 앞두고 먹이활동이 왕성했던 비행임을 알 수 있었습니다. 그들에게 5월은 먹이활동-산란-포란-부화-육추의 숨 가쁜 일정이 이어지는 가장 중요한 달이겠지요.

한 달이 또 지나면, 원앙과 제비의 예쁘고 귀여운 새끼들이 태어나 올망졸망하겠지요. 오늘도 강의 사랑은 계속됩니다.

2장
마지막 줄배

1. 줄배의 사랑

1   어느 맑은 봄날
당신은 풀숲 헤치고 나루로 내려왔지요.
진분홍 저고리 옥색 치마 두르고
흰 고무신 벗겨질까, 걸음걸음 사뿐했지요.

물살은 부드러워도,
혹여나 넘어질라 가만가만 다가갔지요.

강물은 잔잔하여도,
고운 단장 흩어질라 살포시 다가갔지요.

침곡에서 호곡 가는 길
흐르는 강물에 은모래 반짝이는데,
당신은 무얼 생각했나요.
당신은 무얼 생각했나요.

· · · · · · · · · · · · · · · · · ·

강 건너 산비탈
층층이 다랑논
구불구불 산길 돌아들어
당신은 산마을로 갔지요.

차도 들지 않고
인적조차 드물어
호랑이도 살았다는
산마을로 갔지요.

2

아비는 노름으로
자식은 뒷전이라
어린 당신은 팔리듯이
외가댁으로 갔다지요.
종일 농사일로
곱던 손은 부르트고
숙모 삼촌의 눈치에
도토리밥이 고작이라,
어미 그리워
하얀 밤 눈물로 지샜다지요.

그러다 멀리 누이를 찾아
부산까지 갔건만
목장 일도 고달프긴
외가댁과 한가지였다지요.
그마저도 오래지 않아
식당으로 자리 옮기니
손에 물 마를 날 없어
마디마디 짓물렀지요.
사람도 일도 참,
한(寒) 세상입니다.

3

어느 궂은 가을날
당신은 볏짐을 이고
비탈을 내려왔지요.
통바지에 작업복 차림에
진흙 묻은 장화 걸음이
무거웠지요.

세월이 흘러
몸은 늙었지만
여전한 흐름으로
반갑게 당신을 맞습니다.

갈잎 지고
스산한 바람에
흔들림은 더해졌지만
살갑게 당신을 맞습니다.

호곡에서 침곡으로
누렇게 물든 풀숲 헤치며
당신은 힘겨운 걸음 했지요.
짐을 이고 무거운 걸음 했지요.

호된 시집살이에
네 자식 건사하느라
허리 펼 날 그 언제인지요.
강물은 흘러
홍안은 간데없고
당신을 비추던 은모래도
풀덤불에 사라졌네요.

아이들은 자라
도회지로 떠나고
김장이며 가을걷이로
일손 거들던
아짐씨들도
모두 이별하고
적막강산 마음마저
떠도는가요.

4   어느 개인 날
당신이 보이지 않아도
온기를 가득 담아
당신을 기다릴게요.

봄이 오면 꽃이 피듯
여름 오면 숲이 무성하듯
가을 겨울 열매 맺듯
강물에 마음을 실어보아요.

꽃이 피면 나비가 찾아들듯
열매 맺어 물새가 날아들듯
저문 강에 기대어 걸어보아요.
당신을 기다릴게요.

소복이 내린 눈이
세상 시름 덮어주듯
당신의 아픔 보듬어주고
흐르는 강물에
시름을 씻어줄게요.
노을빛 강바람에 품어줄게요.

어느 맑은 날
옥색 치마 차려입고
다시 강가에 오면
혹여나 넘어질까
고운 단장 흩어질까,
가만히 다가갈게요.
살포시 다가갈게요.

2. 마지막 줄배

  섬진강 물 따라 강가를 걷노라면 여러 마을을 만납니다. 하나 같이 산기슭 양지 녘에 기대어 옹기종기 모여 삽니다. 산 사이를 따라 강물이 흐르며 산골 마을을 하나하나 풀어 놓은 듯합니다. 깊은 산중 골짜기마다 전설 하나쯤은 안고 삽니다.

  호곡마을!

  곡성군 고달면 호곡리에 있습니다. 산기슭 다랑논 위로 10채 내외의 가구가 오순도순 모여 삽니다. 얼마나 호젓하길래 호곡(虎谷)일까요? 마을 뒤편이 온통 지리산 자락이니 '호랑이 골짜기'란 이름은 그냥 전설만은 아닌 듯합니다. 그 이름값을 하느라 그런지 호곡마을에 닿기가 그리 만만치 않습니다. 침실습지 상류의 고달교에서 내려오면 약 5km, 반대 방향인 두가헌에서 올라가도 약 4km입니다. 어느 쪽에서 걸어가도 1시간은 족히 걸리죠. 자동차를 타면 외통수에 1차선 도로라 차가 마주 오면 난감해집니다.

  이 곤란함을 단번에 날려주는 비결이 있습니다. 줄배입니다.

  자동차가 없던 오래전부터 강마을 사람들은 줄배를 이용했습니다. 사람들의 왕래가 잦은 곳에 줄을 이어 노가 없이도 강의 이쪽과 저쪽을 왕래했습니다. 사공이 없어도, 배가 강 건너편에 있어도, 줄을 이용하여 배를 끌어서 건널 수 있었습니다.

호곡나루 섬진강 마지막 줄배가 이용되던 나루터이다.

　광양에서 하동의 화개장터로 들어가려면 남도대교를 건넙니다. 이 부근이 과거에는 화개나루터가 있던 자리이지요. 이렇듯 사람들의 왕래가 잦은 이 마을과 저 마을 사이의 강가에는 어김없이 줄배가 있었습니다. 2000년대 들어서자 나루터 자리에 다리가 놓였습니다. 더는 줄배의 모습을 볼 수 없게 되었죠. 그런데 최근(2019년)까지 줄배가 이용되던 곳이 있습니다. 바로 호곡나루입니다. 섬진강의 마지막 줄배인 셈이죠.

　한동댁은 회상합니다.

　쌀을 정미하느라 곡성읍으로 가려면 하루가 걸렸습니다. 볏짐을 이고 구불구불한 산비탈을 내려와 줄배를 타고 강을 건넙니다. 침곡 버스정 류장에서 1시간가량 기다려 버스를 탑니다. 곡성시장에 다다라 볼일을 보고 마을 어르신들과 국밥을 시켜 먹습니다. 호곡으로 돌아오면 이미 해가 뉘엇뉘엇 기울었다지요.

섬진강 노을 시린 가슴에 강의 붉은 사랑은 영원한 위안입니다.

 마을 사람들은 산에 기대어 질박한 삶을 이어갔습니다. 경사진 산기슭
은 개간하여 다랑논으로 만들었습니다. 계절마다 자연이 내어준 버섯,
더덕, 도라지, 고로쇠 수액 등도 채취하여 생계를 이어갔습니다.
 한동댁 역시, 비탈길 다랑논을 일구느라 허리가 휘는 팍팍한 세월이었
습니다. 그녀의 시름과 노곤함은 여기에서 끝나지 않았습니다. 아픈 남편

은 오랜 투병 끝에 세상을 떠났고, 어린 자식들을 건사하느라 자기 몸조차 돌볼 틈이 없었지요. 시어머니의 엄한 시집살이로 밥 한 끼 편히 먹는 날이 없었습니다.

"참말로 눈물겨운 내 인생은 아무도 모르오. 소설로 쓰면 열 권도 모자란당께요."

새색시 때 어디로 가는지도 모르고 따라왔는데 닿은 곳이 이곳 호곡나루였다지요. 반세기가 지난 오늘도 그날이 잊히지 않습니다.

　곡성장을 보고 돌아오는 한동댁의 그림자가 길어집니다. 석양 노을을 묵묵히 받으며 기다려준 줄배. 평생을 하루같이, 한 몸으로 강을 오갔습니다. 시름이 밀려오고 곤고할 때마다 흐르는 강물에 얼굴을 씻으며 달랬던 날이 그 얼마인가요!

　그녀가 나루에 서면 줄배는 말없이 다가옵니다. 비가 와도, 눈이 와도, 바람이 불어도 다가옵니다. 흔들리지만 살갑게 다가옵니다. 줄배는 사라졌어도 한동댁의 마음에 따뜻한 추억으로 자리 잡았습니다. 시린 가슴에 강의 붉은 사랑은 영원한 위안입니다.

* 호곡마을 '한동댁'은, KBS 『인생실험』(2007년)의 "호곡나루 사람들"에 등장했던 실제 인물입니다. 이 글('호곡나루'와 '마지막 줄배')은, 필자가 호곡마을을 방문(2023.4.17)하여 한동댁과 인터뷰한 내용에 기초했음을 밝힙니다.

에필로그

고요한 아침입니다.

차이콥스키의 'June'("The Seasons" 중에서)을 들으며 이 글을 씁니다.

생각하면, 구례 생활의 전반기(2023.3.21~5.20)는 특별한 의미였습니다. 일 년 중 가장 왕성한 생명의 기운을 받으며 섬진강을 거닐 수 있었으니까요. 자연에 묻혀 이야기를 이어감은 더 없는 축복이었습니다.

저는 이 시기에 원시(原始)를 향한 갈증에 목말라서 살았습니다. 새벽이면 일어나 섬진강으로 달려갔고, 거기서 때로는 수달을, 때로는 꼬마물떼새를 만나 황홀감에 젖었습니다. 그들의 움직임 하나하나에 온통 정신이 팔려서 말입니다. 그러다 정신을 차려보면, 배는 고파오고 해가 벌겋게 무등산 등성이에 오르곤 했지요.

가끔은 인기척조차 들리지 않는 강가 버드나무숲에 멍하니 서성이며 무얼 하나 싶기도 했습니다. 그러다가도 자갈밭에서 검은등할미새가 꽁지를 씰룩거리며 나타나면 언제 그랬냐 싶게 빠져들었습니다. 사람이 찾지 않는 갈대 원시림에서 흐르는 강물을 마주하며 말입니다. 그 기쁨과 즐거움은 오롯이 순수한 자연에서 비롯됨을 이젠 잊지 않습니다.

_ 섬진강 일기(2023.5.14) 중에서

1. 일상으로 다가가기

섬진강 답사를 시작한 지 2년이 흘렀습니다.

첫해(2022년)는 매달 1~2회에 걸쳐 섬진강으로 달려갔습니다. 상류인 진안, 임실에서 하류인 하동, 광양에 이르기까지 강변을 걷고 걸었습니다. 한번 답사하면, 보통 며칠을 머물렀습니다.

두어 달이 지나갈 무렵, 막다른 길목에 다다랐습니다. 눈에 보이는 건, 흐르는 강물과 갈대, 백로, 왜가리, 그리고 흰뺨검둥오리 등이 전부였습니다. 강의 상·하류 위치에 따라 풍경이 좀 다를 뿐 그게 그거 같아 보였습니다. 강변을 걸으며 관찰하는 데 한계가 있음을 깨달았습니다.

'무엇이 문제일까?' 궁리했습니다.

뭔가 계기가 필요했습니다. 관련 자료가 있으면 도움이 될까 하여 도서관과 서점을 돌아다녔습니다. 안타깝게도 대부분은 '섬진강'이라는 이름을 빌렸을 뿐, 강과 주변 고장의 내력, 유적의 역사, 그리고 풍경 얘기였습니다. 참고 서적도 별로 없고 현지의 상황 지식도 부족했습니다.

필자에게 필요한 건 '강의 생태'였습니다. 즉 강물과 식생, 그리고 여기에 깃들어 사는 사람을 포함한 자연과 생명이었습니다. 한 걸음 더 나아가 그들의 유기적 관계나 영향에 대한 통찰이었습니다. '강물과 강가의 환경이 생명에 미치는 영향, 생명 간의 상호 작용, 그리고 현지 사람들이 강의 생명과 주고받는 생태적 관계' 등으로 나가고자 함이었죠. 섬진강을 근간으로 하는 본격적인 생명 얘기를 하고 싶었습니다.

분명 섬진강에 깃드는 생명은 무수하고 종류도 다양한데 진전이 더디니

답답했습니다. 여기에서 포기할까 망설이기도 했습니다. 혼돈과 방황의 나날이 이어졌습니다.

생태 관찰에 어려움을 겪는 것은 자료의 부족만이 아니었습니다. 한 달에 한두 번 답사가 이루어지다 보니 진행이 원활하지 못했습니다. 하지만, 용인 에서 섬진강까지 원거리(350㎞ 내외)이다 보니 제약이 따랐습니다. 고육지 책으로 체류 기간을 3일에서 5일로 늘려 보았습니다. 체류 기간에 관찰 일지 를 기록하고 체류가 끝나면 정리하고 다음 계획을 이어갔습니다.

몇 달 답사를 진행하다 보니, 서두른다고 진행이 빨라지는 것이 아님을 알게 되었습니다. 초·중반기의 섬진강 생태 관찰은 진전이 더딜 수밖에 없 었습니다. 관찰 영역이 워낙 광범위하여 지역별 특성을 파악하는데, 상당한 시간이 걸렸기 때문입니다. 섬진강의 환경과 생명 간 상호 작용에서 일반화 와 규칙성을 추출하는데 더 많은 시간을 기다려야 했습니다. 조급한 마음을 누르고 조금씩 조금씩 확장해가기로 마음먹었습니다.

그런데 가슴 한구석에서 뭔가 의구심이 일었습니다. '섬진강(212.3㎞)의 생태를 과연 나 혼자서 소화해 낼 수 있을까?'라는 의문이었습니다. 이렇다 할 별도의 장비와 연구 인력 없이 그 긴 여정을 훑으며 영역을 확장할 자신이 없 었습니다. 시간이 흘러도 별 진전 없이 한 해가 흩어져버릴 것만 같았습니다.

고민은 계속 이어졌습니다. 잠자리에서 뒤척거리던 어느 날 아침, 문득 이런 생각이 떠올랐습니다.

'왜 혼자만의 힘으로 모두 해결하려고 하지? 섬진강 사람들이 있잖아! 그 들은 현지에서 오랫동안 일상을 보냈던 사람들이다. 섬진강 생태란 용어를 들먹이지 않아도 강이 주는 혜택을 받으며 자연과 어울리며 산 사람들이다. 그들이 곧 생태의 일부란 말이지!'

아! 그때야 제가 얼마나 우둔했는지 알았습니다. 그 작은 발상의 전환을 하는데 몇 달을 보냈으니까요. 물론 전에 한 번쯤 그런 생각을 안 해본 것은 아니었겠죠. 아마 엄두가 나지 않았을 겁니다. 섬진강 사람들을 어떻게 만날지, 그리고 그들이 실제로 얼마나 도움이 될지 주저했나 봅니다.

답사 체류 기간을 늘리고 다른 한편으로는 주변의 섬진강 사람들을 만나며 관찰−기록−정리를 이어갔습니다. 그렇게 1년을 보내고 나니 섬진강 어디에 어떤 생태 특성이 있는지 차츰차츰 그릴 수 있게 되었습니다.

그러던 2023년 2월의 어느 날이었습니다. 곡성의 침실습지를 방문했을 때였죠. 뉘엿뉘엿 기울어가는 석양에 강변의 달뿌리풀은 황금빛으로 다가왔습니다. 물살이 쉬어가는 소(沼)는 여전하였지만, 그 가운데 노니는 생명은 새로웠습니다. 그날따라 강가에서 노니는 흰뺨검둥오리와 청둥오리 떼가 유난히 많았습니다. 물가에서 자맥질하며 수초를 뜯어 먹기도 하고 일부는 짝을 이루어 유유히 유영하고 있었습니다.

순간 무엇이 머리를 퍼뜩 스치고 지나갔습니다.

'그래! 습지에서 시작하자! 습지의 생태계는 어느 곳보다 생명으로 가득 차 있잖은가! 더구나 그 풍경은 시시각각 다른 모습으로 다가와 자연의 아름다움을 더해주고 있어!'

습지의 생명과 마주친 인상은 강렬했습니다. 습지의 모습과 생태를 집중적으로 관찰해나가야겠다 마음먹었던 것은 그때부터였습니다. 해와 달이 바뀌면서 습지에 깃들어 사는 생명도 끊임없이 이동하며 환경에 적응하고 순환한다는 사실에 차츰 눈뜨게 되었습니다. 생명에서 생명으로 이어지는 순환의 과정을 비로소 습지에서 답을 얻게 되리라는 확신이 몰려왔습니다.

섬진강 주변을 관찰하면서 이제는 어떻게 접근해야 할지도 확연해졌습니다. 예컨대, '하동에선 야생차 제다 장인, 혹은 재첩잡이 어부를 만나면 되겠다'라는 식이죠. 한편으로는 섬진강 답사를 하면서, 다른 한편으로는 섬진강 사람들을 찾아다니며 인터뷰를 병행하는 방식을 계속 이어갔습니다. 관찰 경험과 현지 주민의 관점을 종합하니 시너지 효과가 생겼습니다.

차츰 진전을 보이면서 한결 마음이 편해졌습니다.

그런데 섬진강 생태 관찰의 전반기를 보낼 즈음, 다시금 전환기가 필요했습니다. 관찰이든 인터뷰이든 대상에 친숙해지려면 지속적인 밀착 접근이 필요했습니다. 그러려면 일정 기간 머물러 지내야 함을 알았습니다. 하루 이틀 관찰한다고 그 생명의 생태를 파악할 리 만무하지요. 현지 주민도 그렇습니다. 누가 도움이 된다고 필자를 기다리는 게 아니잖아요? 상대방의 일정과 공간에 맞게 수시로 달려가야 했습니다.

결국, 섬진강 인근으로 거처를 옮기는 수밖에 없다고 결론지었습니다. 어쩌다 찾아오는 '여행자'가 아닌, 일상으로 접하는 '섬진강 사람'으로 접근해야겠다 판단했습니다.

그렇게 해서 부랴부랴 거처를 수소문했습니다. 섬진강 오백여 리를 오가려면 중류가 적당하리라 생각했습니다. 위로는 습지가 넓게 분포한 곡성, 아래로는 기수역이 있는 하동 광양을 드나들기에 적절한 중간 지점이니까요. 그곳이 구례라 보았습니다. 마침 구례가 고향인 아내의 도움을 받았습니다. 그로부터 일주일 후, 구례읍에 아주 작은 독채 하나를 얻었습니다. 마침내 2023년 3월 하순, 구례의 '거주민'이 되었습니다. 섬진강을 일상으로 받아들이는 '섬진강 사람'으로 다시 시작했습니다.

2. 살어리 살어리랏다

구례의 봄(3~4월)은 대체로 습지 관찰에 몰입했습니다. 강 자체가 습지이고 생태의 보고임을 고려해서, 습지에 가장 큰 비중을 두었습니다. 침실습지와 제월습지가 주 대상이었습니다. 침실습지는 남원과 곡성 일원의 여러 지천이 합류하여 촘촘한 생태계를 이루는 대표적인 습지입니다. 제월습지는 곡성의 제월섬을 중심으로 드넓은 갈대밭이 형성되어 있어 역시 생태 관찰에 안성맞춤이었죠.

구례에서 곡성까지 약 40km를 새벽이면 달려가곤 했습니다. 사람들의 인적이 드문 이른 아침을 고집한 건, 강가의 생태를 관찰하기에 알맞은 시간이었기 때문입니다. 수달이나 고라니 같은 야행성 동물을 만날 가능성뿐만 아니라, 먹이활동을 하는 때이기도 하니까요.

아침도 거른 채 배낭을 챙기고 그렇게 달려간 날들이 이어졌습니다. 예상처럼 수달이나 새들이 잘 나타나 주지도 않았습니다. 환절기의 이른 아침은 추웠습니다. 영하의 기온을 무릅쓰고 강가의 한 모퉁이에서 쪼그려 앉아 한 시간이고 두 시간이고 기다리는 건 예사였습니다. 그래도 모기와 날벌레들이 득실거리는 한여름에 비하면 차라리 나았습니다. 뱀과 진드기 같은 위험 요인도 피할 수 있었으니까요.

자연은 호락호락하지 않았습니다. 기대했던 야생의 생명은 쉬이 나타나지 않았습니다. 아침 이슬에 젖은 풀과 물안개 피어나는 강가에서 옷깃을 흥건히 적시고 돌아오는 날들이 이어졌습니다. 달리 보면 야생의 생명이 나타나지 않은 것이 아니라, 제대로 보는 눈이 미숙했던 탓이라 해야 더 옳은지 모르겠습니다. 그들은 때에 맞춰 거기에 그렇게 늘 정해진 대로 활동하고 있었을 테니까요. 그런 이치를 깨닫는 데 상당한 시간이 흘렀습니다.

예컨대, 고라니를 만나려고 한 달 내내 갈대밭을 훑고 다녀도 만날 수 없었을 때, 실망에 앞서 슬그머니 깃드는 깨달음이 있었습니다. '굳이 고라니를 꼭 만나야 하는 이유가 뭐냐? 목적은 야생 생태 관찰이 아니냐.' 그런 생각이 들자, 좀 더 원숙한 자세로 야생에 접근할 수 있었습니다. 고라니의 관점으로 발상을 바꿔보는 거였죠. 고라니는 부드러운 풀을 좋아하고 물을 마시며 물가를 즐기는 습성을 가지고 있습니다. 그런 환경이 초지와 물을 모두 갖추고 있는 하천의 갈대밭이었습니다. 그곳에서 고라니의 흔적을 찾았습니다. 마침내 고라니가 다니는 길을 찾게 되었고 그 길 끝에는 초지나 물웅덩이, 혹은 강가였습니다. 그리고 그곳 모래톱엔 어김없이 발자국과 검은콩 모양의 똥이 깔려 있었죠. 언제 몇 마리가 이동해서 무엇을 하였는지 추측할 수도 있게 되었습니다.

이렇게 동물의 발자국과 분비물을 통해 야생의 습성을 이해하자 그들을 만나기가 훨씬 수월해졌습니다. 고라니와 수달의 발자국이 어지럽게 찍혀있는 소(沼)의 근처를 며칠 잠복하면 그들은 어김없이 나타났습니다.

3월 어느 날, 곡성천과 만나는 침실습지에서 수달 가족과의 조우는 잊을 수 없는 기억입니다. 새끼 형제가 출수와 잠수를 반복하며 술래잡기하듯이 자맥질하는 장면이 포착되었습니다. 지적의 물가에선 어미가 이를 지켜보고 있었죠. 전형적인 수달 가족의 아침 산책 장면이었습니다. 그들을 만난 건 결코 우연이 아니었습니다. 매일매일 수달의 발자취와 분비물을 추적해 며칠을 기다린 결과였죠.

고라니 길을 탐지하고 수달 가족을 만나면서 섬진강 생태 탐사는 탄력을 얻었습니다. 원앙, 청둥오리, 비오리, 물닭, 큰고니, 검은등할미새, 흰목물떼새 등 평소에 만나기 힘든 조류의 생태 관찰로 확장되었습니다. 대부분 조류가 4~5월에 한창 번식기에 들어가 활동이 왕성합니다. 맨눈으로 관찰하기에도 최상의 시기였습니다.

습지의 생태에서 얻은 경험과 활력을 토대 삼아 애초의 계획대로 섬진강 전역으로 확장하였습니다. 임실, 곡성, 구례, 하동, 그리고 광양 등을 영역별로 나누어 그곳의 특징을 파악하고 생태를 관찰하는 체계성을 갖추게 되었습니다.

임실의 섬진강댐, 물안개길, 그리고 섬진강 상류의 풍경을 그렸습니다. 임실의 물우, 진메, 천담, 그리고 구담마을을 다니며 마을 사람들을 만나고 섬진강의 어제와 오늘을 가져왔습니다.

곡성에선 침실습지, 제월습지, 그리고 반구정습지 등 습지의 생태를 관찰하고 기록했습니다. 특히, 서봉리의 한 어르신을 만나 1960~1970년대의 섬진강을 되살려 습지의 모습을 그린 것은 큰 수확이었습니다.

구례의 봄이 습지에 집중되었다면, 가을은 하동, 광양, 그리고 하구의 기수역에 중점을 두었던 기간이었습니다.

구례, 하동, 그리고 광양을 지나는 섬진강은, 지리산과 어우르며 강다운 면모를 보여줍니다. 그런 만큼 강과 산이 내어주는 자연환경으로 풍부한 생태계를 보여줍니다. 거기에 기대어 사는 사람들 이야기는 섬진강 생태에 주요한 부분이 되었습니다. 섬진강 얘기를 엮는 데 많은 도움을 주신 분들도 그들이었습니다.

구례는 봄(3~5월)과 가을(9~10월) 내내 머물던 일상의 거처였습니다. 덕분에 서시천이며 봉성산, 그리고 주변의 섬진강 강변의 시시각각 변화하는 모습을 생생하게 기록할 수 있었습니다. 섬진강어류생태관에서 주관하는 연어 회귀량 조사, 신촌리에서 계산리를 거쳐 압록까지 이어진 강변 감나무밭, 섬진강 대숲길, 산하(山河)를 오가는 새들과의 만남 등으로 지루할 틈이 없었습니다.

하동, 광양, 그리고 기수역은 강의 숨결이 살아 숨 쉬는 결정판이었습니다. 강, 산, 그리고 바다가 어우러진 삼포(三抱)였으니까요. 하동의 야생차와 재첩잡이, 광양의 매실과 벚굴, 그리고 기수역의 온갖 생명들로 넘쳤습니다.

오백 리를 달려온 섬진강!

백사청류(白沙淸流)는 곳곳에 생명을 품고 키웠습니다. 바다에서 섬진강 하구를 거슬러 오른 은어와 황어를 지리산은 골골이 보금자리를 내어 품어 주었습니다.

오백 리를 흐르며 지류와 만나 곳곳에 기름지고 드넓은 습지 벌판을 만들었습니다. 진안, 임실, 곡성, 구례를 거쳐 하동 악양천 하구 범포에 이르렀습니다. 1,500년을 훌쩍 넘어 신라인의 원포귀범(遠浦歸帆)을 상상하며 악양 벌에 서면, 지금도 그 맥동이 힘차게 느껴집니다.

어디로든 마음대로 흐를 자유! 수천 년을 이어온 강의 기억입니다. 기억은 숨결로 살아나 생명을 보듬고 생명으로 이어집니다.

《강의 숨결》이 나오기까지 도움 주신 섬진강 사람들

영역	성명	신분	도움 주신 내용
강의 기억	이쌍석	「신선농장」 운영 (평사리)	악양천과 평사리의 내력
	박용범	악양면 개치마을 주민	개치나루와 악양천의 내력
	임명식	구례 주민 (필자 숙소 소유주)	구례의 자연환경
	강태진	하동문화원장	하동의 역사 문화
	홍쌍리	「청매실농원」 운영 (매화마을)	섬진강 매화와 매실의 역사
	보성스님	「상선암」 스님	지리산 야생차 생태
	구해진	「혜림농원」 운영 (차시배지길)	하동 야생차 역사, 재배, 제다 과정
	김명애	「하동야생차박물관」 교육실장	하동 야생차 제다 체험
강의 풍경	이남식	「코티지683」 운영 (운암면)	옥정호와 섬진강댐의 내력
	박래용	덕치면 물우마을 주민	농촌 마을의 실상
	마을주민	덕치면 진메마을 주민 4~5명	진메마을 내력
	신일섭	덕치면 천담마을 이장	섬진강 주변 마을의 현황과 주민들의 특성 이해
	배주원	덕치면 천담마을 주민	천담마을 주민의 일상
	신완용	덕치면 다슬기잡이 어부	다슬기의 생태
	이동현	「미실란」 운영 (곡성읍)	농촌의 정착 과정
강의 습지	허문회	제월섬 지킴이	섬진강 내력과 제월습지 생태
	김정기	곡성천 부근 메론농장 운영	곡성천의 생태
	권준호	곡성군청 환경축산과 습지 담당	곡성 습지(제월, 침실, 반구정) 보호 및 환경정책
	손양업 3대손	반구정습지 임야 소유주	반구정습지 관련 협의 과정
강의 생명	기세운	섬진강어류생태관 연구사	섬진강 연어의 회귀 과정
	이성룡	「여울목식당」 운영	참게와 은어의 생태
	정정철	하동읍 재첩잡이 어부	기수역 재첩잡이 현황
	김해길	하동읍 재첩잡이 어부	선외기 재첩잡이 실태
	이검길	섬진강어민회장 (하동읍)	재첩의 생태 및 가공과정
	송종찬	섬진강 쌍골죽 재배 경험자	섬진강 쌍골죽 특성
	정유진	「금천횟집」 운영 (망덕포구)	벚굴의 생태
강의 사랑	한동댁	호곡마을 주민	섬진강 강변마을 여인의 삶

* 바쁜 생업의 일상에도 불구하고 섬진강의 자연과 생태에 도움을 주신 '섬진강 사람들'께 이 자리를 빌려 감사드립니다.

강의 숨결
섬진강의 자연과 생명 이야기

초판 1쇄 발행 | 2024년 7월 12일

지은이	황운연
펴낸이	안호헌
에디터	윌리스

펴낸곳	도서출판 흔들의자	
	출판등록	2011. 10. 14(제311-2011-52호)
	주소	서울특별시 서초구 동산로14길 46-14. 202호
	전화	(02)387-2175
	팩스	(02)387-2176
	이메일	rcpbooks@daum.net(원고 투고)
	블로그	http://blog.naver.com/rcpbooks

ISBN 979-11-86787-59-5 (03090)
ⓒ 황운연